Impressum

Verlag: BABADADA GmbH, Nedderfeld 112 , 22529 Hamburg

Geschäftsführer / Verlagsleitung: Harald Hof

Druck: Books on Demand GmbH, In de Tarpen 42, 22848 Norderstedt

Imprint

Publisher: BABADADA GmbH, Nedderfeld 112 , 22529 Hamburg, Germany

Managing Director / Publishing direction: Harald Hof

Print: Books on Demand GmbH, In de Tarpen 42, 22848 Norderstedt, Germany

اسڪول

школа

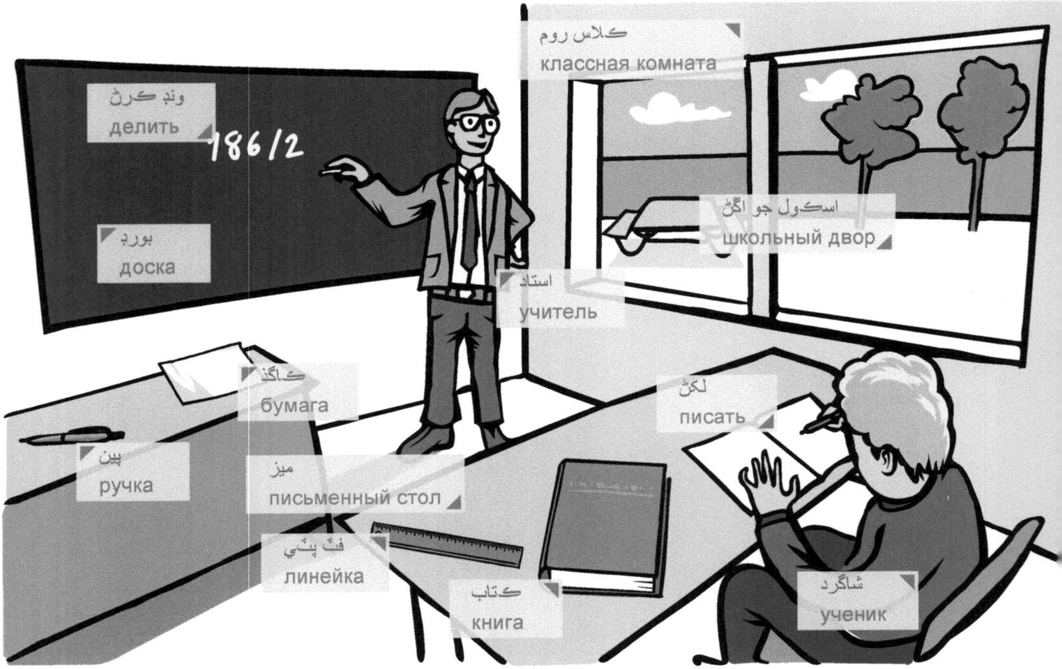

ڪلاس روم
классная комната
ونڊ ڪرڻ
делить
186/2
بورڊ
доска
اسڪول جو اڱڻ
школьный двор
استاد
учитель
ڪاغذ
бумага
لکڻ
писать
پين
ручка
ميز
письменный стол
فٽ پٽي
линейка
ڪتاب
книга
شاگرد
ученик

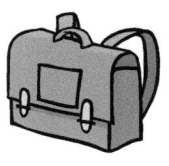

بستو

ранец

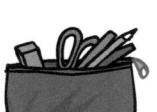

پينسل باڪس

пенал

پينسل

карандаш

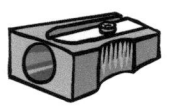

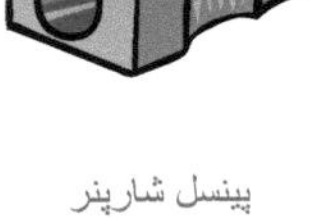

پينسل شارپنر

точилка

ربڙ

ластик

ڊرائنگ پيڊ

альбом для рисования

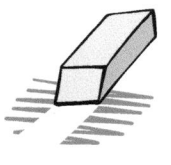

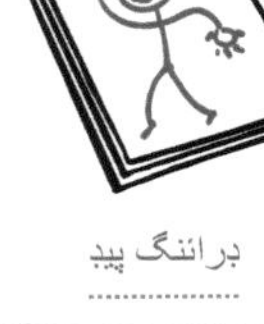

درائنگ

рисунок

پینٹ برش

кисточка

پینٹ باکس

коробка красок

قینچي

ножницы

گوند

клей

مشق کرڻ واري کاپي

тетрадь

هوم ورک

домашняя работа

عدد

цифра

جوڙ کرڻ

прибавлять

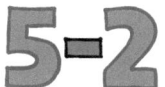

کٽ کرڻ

вычитать

ضرب کرڻ

умножать

حساب کرڻ

считать

خط

буква

الفابيٽ

алфавит

لفظ

слово

مضمون

текст

پَڑھٕ

читать

چاک

мел

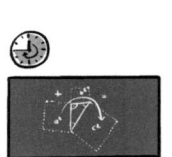

سبق

урок

رجسٹر

классный журнал

امتحان

экзамен

سرٹِفِکیٹ

диплом

اسکول یونیفارم

школьная форма

تعلیم

образование

انسائیکلوپیڈیا

энциклопедия

یونیورسٹی

университет

خوردبینی

микроскоп

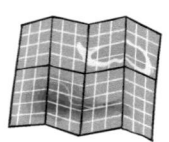

نقشو

карта

ردي جي ٹوکري

корзина для бумаг

سفر
путешествие

هوٽل
гостиница
Grand
هاسٽل
турбаза
ROOMS
رقم تبديل ڪرائڻ جي آفيس
пункт обмена валюты
CHANGE
سوٽ ڪيس
чемодан
ڪار
автомобиль

ٻولي

язык

ها يا نه

да / нет

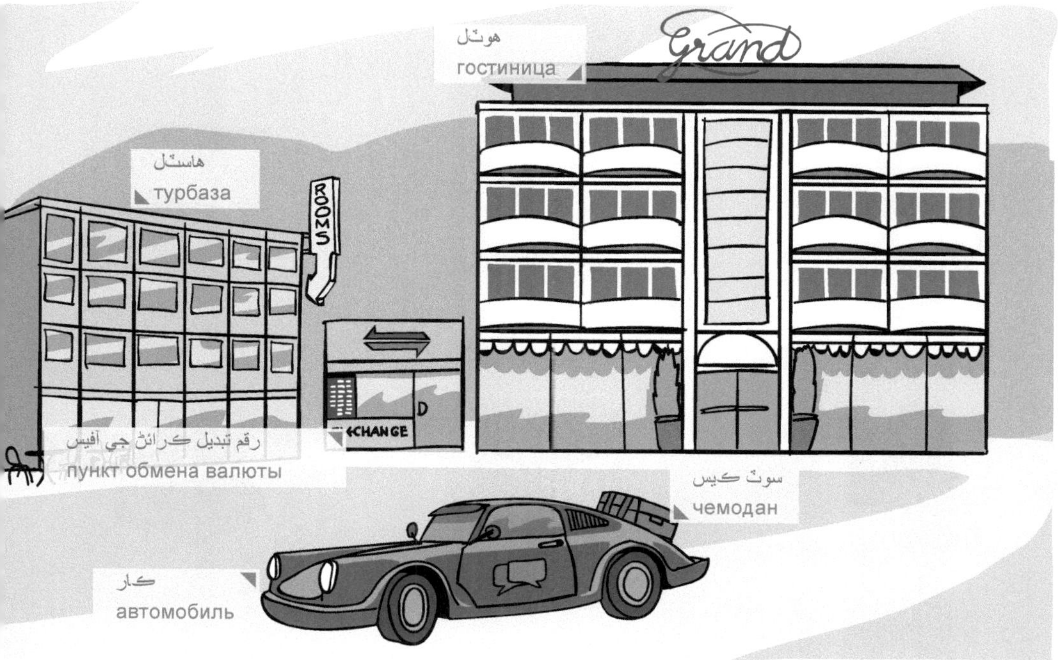

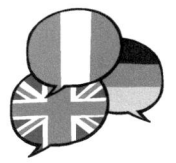

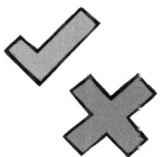

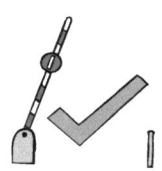

صحيح آهي

хорошо

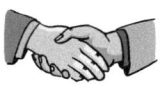

هيلو

Привет

مترجم

переводчик

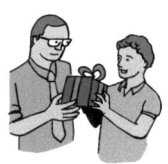

مهرباني

Спасибо

هن جي قيمت گهٽي آهي....؟

Сколько стоит…?

مون كي سمجھ ۾ نٿو اچي

Я не понимаю

مسئلو

проблема

گڊ ايوننگ

Добрый вечер!

صبح بخير

Доброе утро!

شب خير

Доброй ночи!

الوداع

До свидания

طرف

направление

سفري سامان

багаж

بيگ

сумка

پويان بڌن وارو بيگ

рюкзак

مهمان

гость

كمرو

комната

بستر وارو بيگ

спальный мешок

خيمو

палатка

سياحت بابت معلومات

туристическая
информация

سمندر كناره

пляж

كريدت كارد

кредитная карточка

ناشتو

завтрак

لنچ

обед

ډنر

ужин

ټكټ

билет

لفٹ

лифт

مهر

почтовая марка

سرحد

граница

گاهك

таможня

سفارتخانو

посольство

ويزا

виза

پاسپورټ

паспорт

آمد و رفت

транспорт

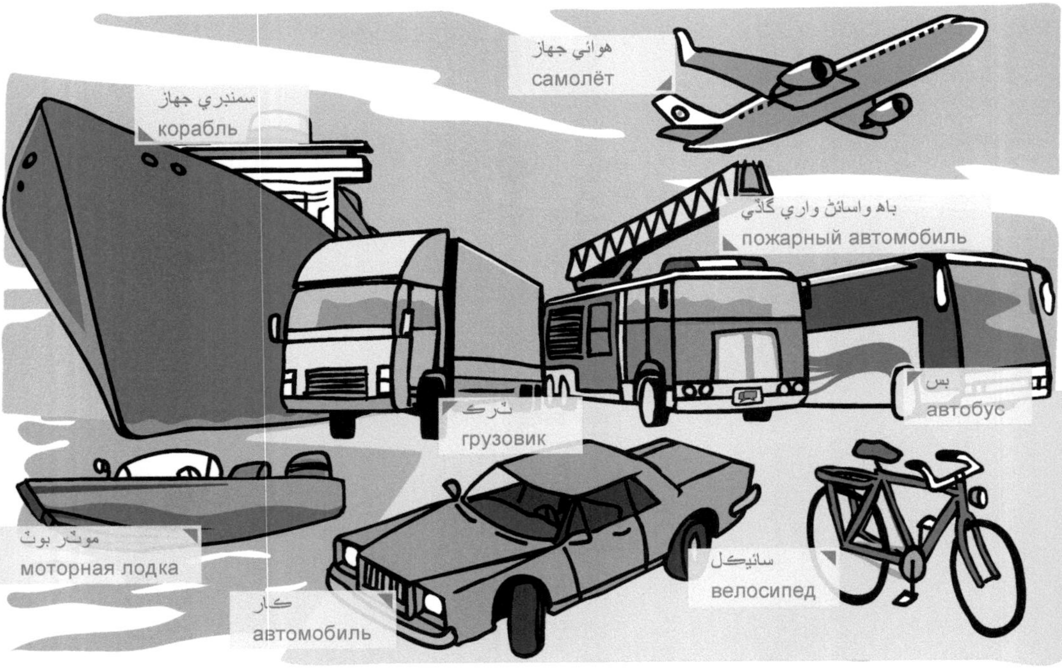

هوائي جهاز
самолёт
سمندري جهاز
корабль
باه واسائړ واري ګاډي
пожарный автомобиль
ټرک
грузовик
بس
автобус
موټر بوټ
моторная лодка
سائيکل
велосипед
کار
автомобиль

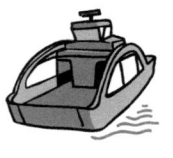

فيري

паром

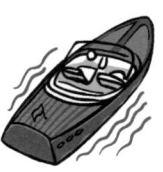

بيړي

лодка

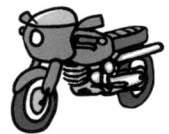

موټر سائيکل

мотоцикл

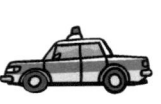

پوليس کار

полицейский автомобиль

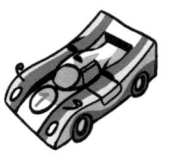

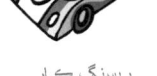

ريسنګ کار

гоночный автомобиль

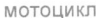

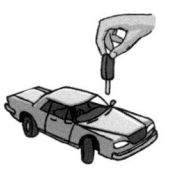

رينټل کار

арендованный автомобиль

چشنیرنگ کار

совместное пользование
автомобилями

چکٹ واروٹرک

буксировочный
автомобиль

کچری واري ٹرک

мусоровоз

کار

двигатель

فیول

топливо

پیٹرول اسٹیشن

заправка

ٹریفک جا نشان

дорожный знак

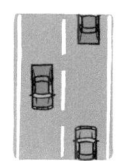

ٹریفک

движение

ٹریفک جام

пробка

کار پارک

автостоянка

ٹرین اسٹیشن

вокзал

پٹڑیوں

рельсы

ٹرین

поезд

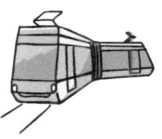

ٹرام

трамвай

ویگن

вагон

هيليکاپټر

вертолёт

ايئرپورټ

аэропорт

ټاور

вышка

مسافر

пассажир

کنټينر

контейнер

ډبو

коробка

ریړۍ

тележка

ټوکري

корзина

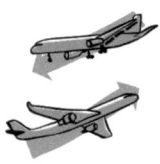

اډرټ / زمين ته لهڼ

взлетать / приземляться

ګوټ

деревня

شهر جو مرکز

центр города

ګهر

дом

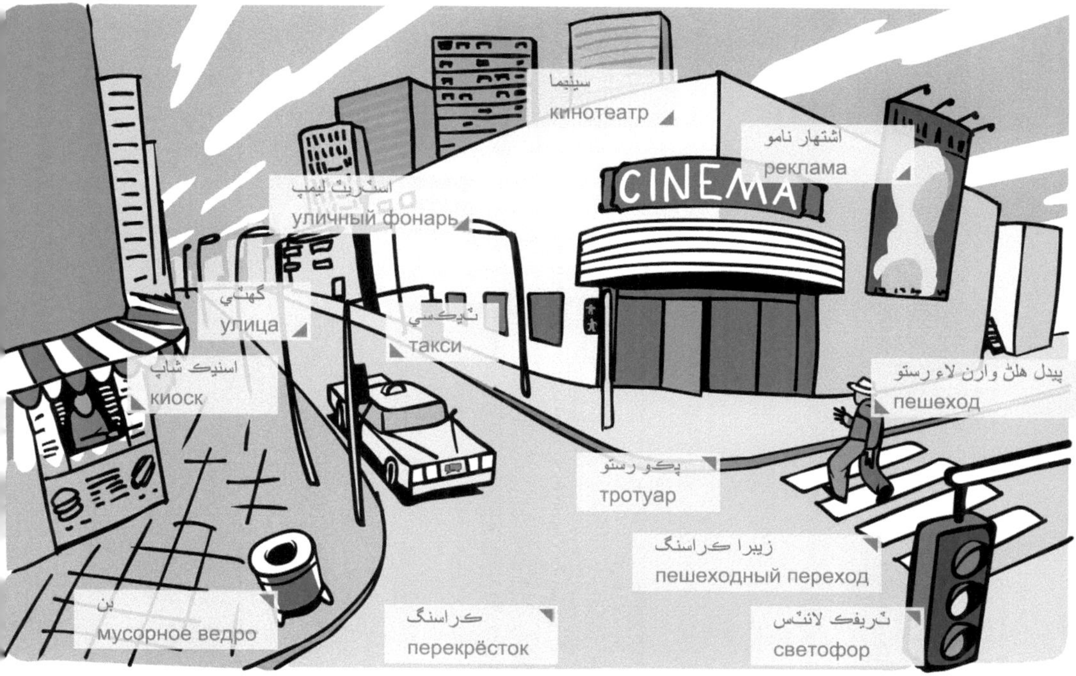
CINEMA
سينيما
кинотеатр
اشتهار نامو
реклама
اسٽريٽ ليمپ
уличный фонарь
گهٽي
улица
ٽيڪسي
такси
اسنيڪ شاپ
киоск
پيدل هلڻ وارن لاءِ رستو
пешеход
پڪو رستو
тротуар
زيبرا ڪراسنگ
пешеходный переход
بن
мусорное ведро
ڪراسنگ
перекрёсток
ٽريفڪ لائٽس
светофор

جهوپڙي

хижина

فليٽ

квартира

ٽرين اسٽيشن

вокзал

ٽائون هال

ратуша

MUSEUM

عجائب گهر

музей

اسڪول

школа

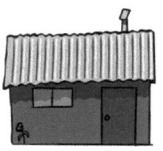

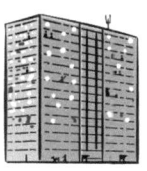

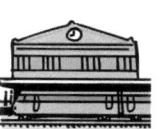

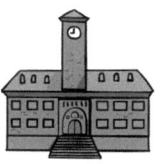

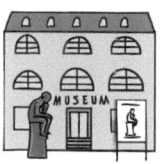

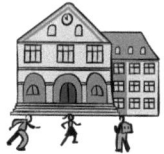

يونيورسټي

университет

بينک

банк

اسپتال

больница

هوټل

гостиница

فارميسي

аптека

أفس

офис

کتابن جي کتاب

книжный магазин

دکان

магазин

گلن جي دکان

цветочный магазин

سپر مارکيټ

супермаркет

مارکيټ

рынок

دپارټمينټ اسټور

универмаг

مچي جي دکان

торговец рыбой

شاپنگ سينټر

торговый центр

بندرگاه

порт

پارک

парк

بینچ

скамейка

پل

мост

ڈاکن

лестница

زیر زمین میٹرو

метро

سرنگ

тоннель

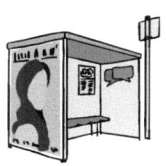

بس اسٹاپ

автобусная остановка

شراب خانو

бар

روسٹورینٹ

ресторан

پوسٹ باکس

почтовый ящик

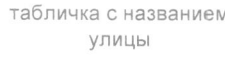

اسٹریٹ سائن

табличка с названием
улицы

پارکنگ میٹر

паркометр

چڑیا گھر

зоопарк

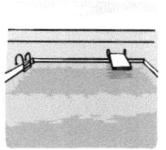

سونمنگ پول

бассейн

مسجد

мечеть

فارم

ферма

آلودگي

загрязнение окружающей среды

قبرستان

кладбище

چرچ

церковь

راند جو ميدان

детская площадка

مندر

храм

زميني منظر
ландшафт

پتو
лист

سائن بورڊ
дорожный указатель

رستو
дорога

ساوڪ واري زمين
луг

پٿر
камень

وڻ
дерево

پيادل هلڻ وارو هائيڪر
путешественник

دريا
река

چڀر
трава

گل
цветок

وادي
....
долина

جبل
....
гора

ديند
....
озеро

گل
....
лес

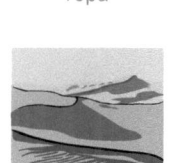

ريگستان
....
пустыня

آتش فشان
....
вулкан

قلعو
....
замок

انڊلٽ
....
радуга

ڪڦي
....
гриб

کهجي جو وڻ
....
пальма

مچر
....
комар

مک
....
муха

ڪؤلي
....
муравей

ماکي جي مک
....
пчела

مڪڙي
....
паук

نٽندٽ

жук

ڏيڏر

лягушка

نوريئڙو

белка

ڄاهو

еж

خرگوش

заяц

چٻرو

сова

پکي

птица

بدك

лебедь

سوئر

кабан

هرڻ

олень

آمريکي هرڻ جو قسم

лось

ڊيم

плотина

هوا سان هلڻ وارو ٽربائين

ветряной генератор

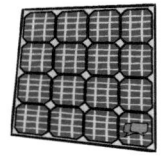

سولر پينل

солнечная батарея

آب و هوا

климат

ويٹر
официант

كاٹي جي فهرست
меню

كرسي
стул

سوپ
суп

پيزا
пицца

چهري كانٹا
столовые приборы

ٹيبل جو كپڑو
скатерть

استٓارتٓر
....
закуска

مين كورس
....
главное блюдо

كاٹي كانپوء كانٹ وارو مٹو
....
десерт

مشروب
....
напитки

خوراك
....
еда

بوتل
....
бутылка

فاسٹ فوڈ

فاستٌريٹ فوڈ

استٌريٹ فوڈ

уличная еда

كٹلٌي

чайник

شگر باؤل

сахарница

ٹكزٌو

порция

ايسپريسو مشٌين

кофеварка

اونچي كرسي

детский стульчик

بل

счет

ٹرٌي

поднос

چهري

нож

كانٹٌو

вилка

چمچ

ложка

چانهن جو چمچو

чайная ложка

سروينٹٌي

салфетка

گلاس

стакан

фастфуд

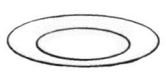

پلیٹ

تارелка

سوپ پلیٹ

суповая тарелка

سامسر

блюдце

چٹنی

соус

لوݨ دانی

солонка

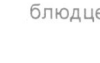

مرچ پیسݨ والو

мельница для перца

سرکو

уксус

کاتو پچائݨ والو تیل

масло

مصالحو

специи

کیچ اپ

кетчуп

سرنهن

горчица

مایونیز

майонез

سپر مارڪيٽ
супермаркет

خصوصي آفر
специальное предложение
FOR
خريدار
покупатель
بيري
молочные продукты
فروٽ
фрукты
ٽرالي
тележка для покупок

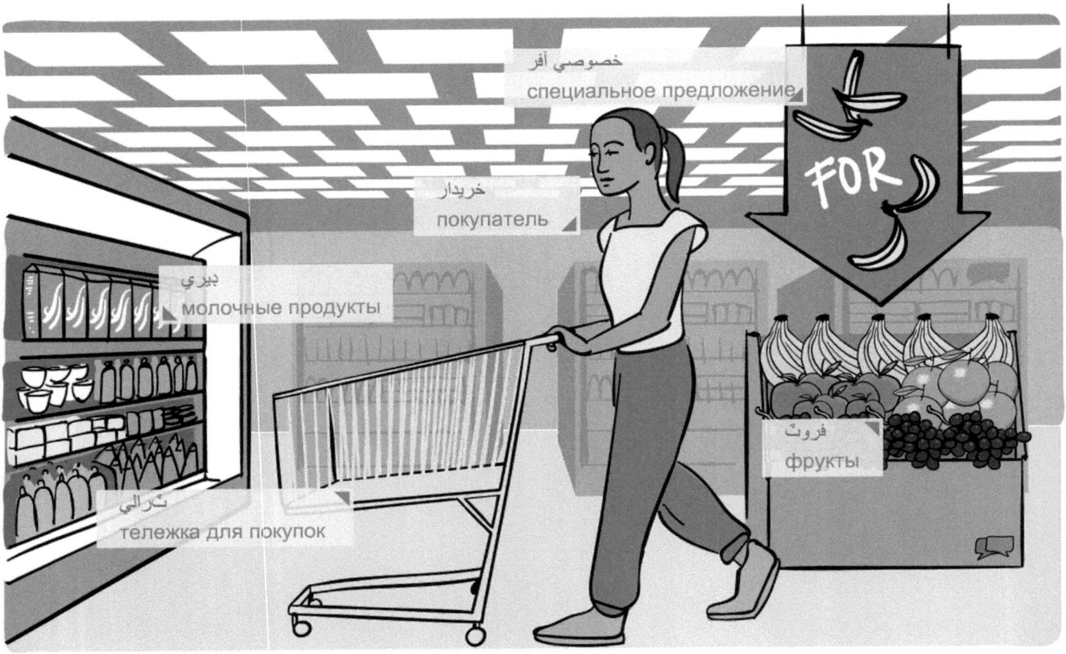

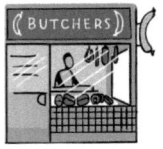

BUTCHERS

گوشت جي دڪان
....
мясной магазин

BAKERY

بيڪري
....
пекарня

وزن ڪرڻ
....
взвешивать

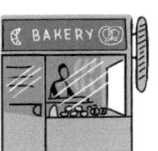

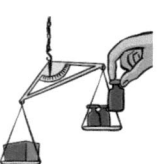

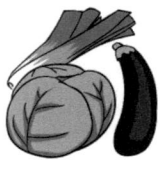

سبزيون
....
овощи

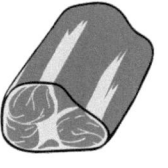

گوشت
....
мясо

چميل کاڌو
....
быстрозамороженные продукты

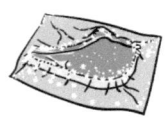

سرد گوشت

نارезка

ڊبي ۾ بند کاڌو

консервы

واشنگ پاؤڊر

стиральный порошок

مٺائي

сладости

گھريلو سامان

предмет домашнего обихода

صفائي ڪرڻ وارا پرابڪٽس

моющее средство

سيلز پرسن

продавщица

ڪيش رجسٽر

касса

خزانچي

кассир

خريداري جي فهرست

список покупок

اوقات ڪار

время работы

پرس

бумажник

ڪريڊٽ ڪارڊ

кредитная карточка

بيگ

сумка

پلاسٽڪ بيگ

полиэтиленовый пакет

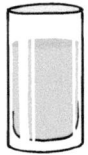

پاڻي

вода

جوس

сок

كير

молоко

كوك

кока-кола

وائن

вино

بيئر

пиво

الكوهل

алкоголь

كوكو

какао

چائي

чай

كافي

кофе

ايسپريسو

эспрессо

كيپيوچينو

капучино

كيلو

банан

صوف

яблоко

مالټو

апельсин

خربوذو

арбуз

ليمون

лимон

گجر

морковь

ئوم

чеснок

بانس

бамбук

بصر

лук

كنيي

гриб

خروټ، بادام

орехи

نودلز

лапша

اسپيگتّي

спагетти

چانور

рис

سلاد

салат

چپس

картофель фри

تريل پئائتا

жареный картофель

پيزا

пицца

هيم برگر

гамбургер

سينڊوچ

сэндвич

گوشت جو نڪرو

шницель

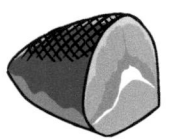

سور جي ران جو گوشت

ветчина

خشڪ گوشت

салями

ساسيج

колбаса

مرغي

курица

روست

жаркое

مڇي

рыба

اوٹ جوَ - جو دليا

овсяные хлопья

ميوزلي

мюсли

كارن فليكس

кукурузные хлопья

اٹّا

мука

كرونسنٹ

круассан

بريڈ رول

булочка

بريڈ

хлеб

ٹوسٹ

тост

بسکٹ

печенье

مکّن

масло

دهي

творог

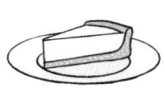

کیک

пирог

انڈا

яйцо

فراني ٹیل اندو

яичница

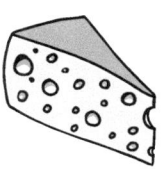

پنير

сыр

آنس كريم

мороженое

كند

сахар

ماكي

мёд

مربو

мармелад

چاكليټ اسپريډ

крем с нугой

باجي

карри

فارم

ферма

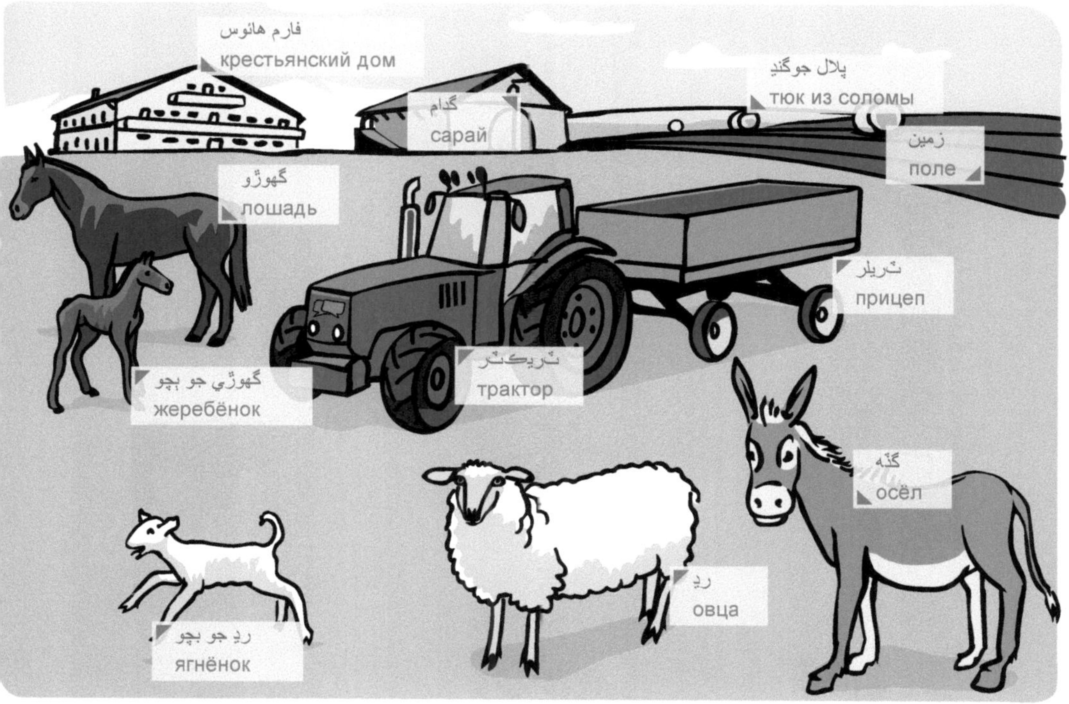

فارم هائوس
крестьянский дом
گدام
сарай
پلال جوگنڍ
тюк из соломы
زمين
поле
گهوڙو
лошадь
ٽريلر
прицеп
ٽريڪٽر
трактор
گهوڙي جو ٻچو
жеребёнок
گڏھ
осёл
رڍ
овца
رڍ جو ٻچو
ягнёнок

ٻڪري

коза

ڳئون

корова

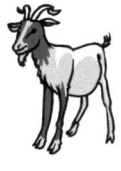

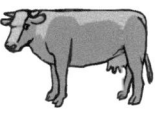

پاڏو

телёнок

سوئر

свинья

سوئر جو ٻچو

поросёнок

ڏڳو

бык

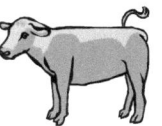

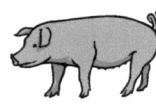

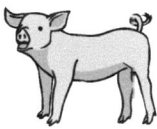

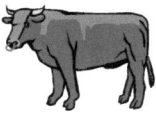

هنس

گوسь

بدك

утка

چوزا

цыплёнок

مرغي

курица

مرغو

петух

كوئو

крыса

ٻلي

кошка

كوئو

мышь

ڏاند

вол

كتو

собака

كتي جو گهر

конура

گاردن هوز

садовый шланг

پاڻي جو كين

лейка

ڏاٽو

коса

هر

плуг

فارم - ферма

ڈاٹو

серп

رنبو

мотыга

ڈانداري

навозные вилы

کھاڑو

топор

ہٹ سن ہلائن واري ریڑھي

тачка

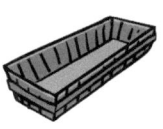

حوض

корыто

کیر جو ڈبو

бидон для молока

گوٹ

мешок

لوڑھو

забор

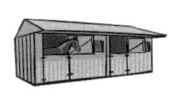

اصطبل

хлев

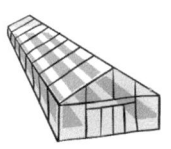

گرین ھائوس

теплица

مٽي

почва

بج

посев

کھاد

удобрение

کمبائنڈ ھاروېسٽر

комбайн

فصل كٽڻ

собирать урожай

فصل كٽڻ

урожай

هڪ قسم جي تركاري

ямс

كڻڪ

пшеница

سويا

соя

پٽاٽو

картофель

مكاني

кукуруза

توري جو ٻج

рапс

ميون جو وڻ

фруктовое дерево

كساوا

маниок

اناج

злаки

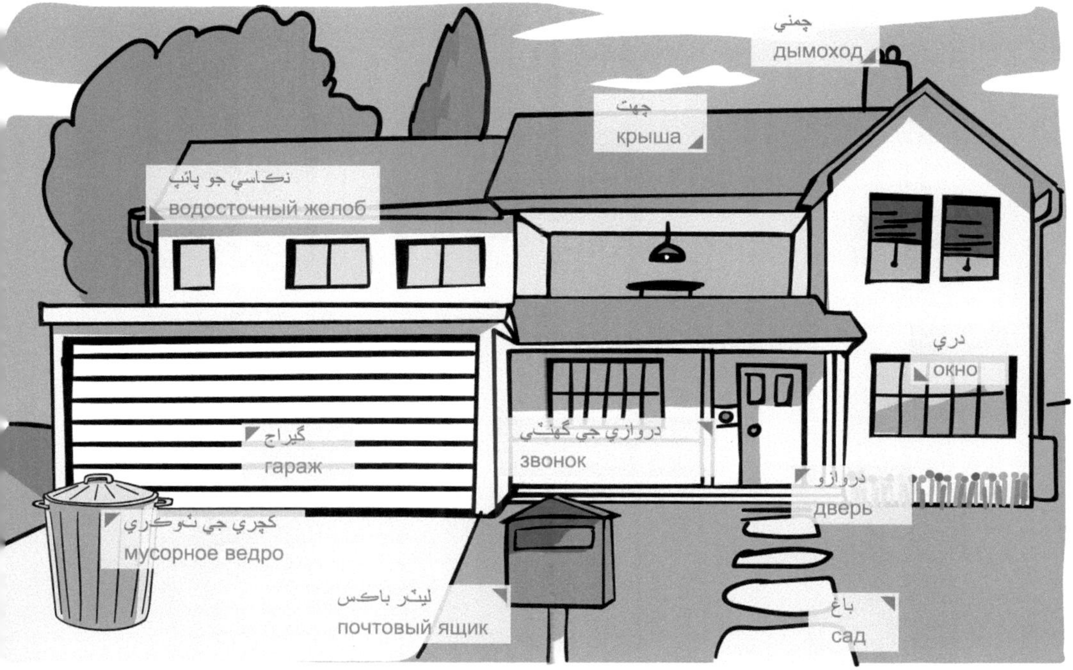

چمني
دودكش
دودكش
د**دымоход**

چھت
крыша

نكاسي جو پائپ
водосточный желоб

گيراج
гараж

دروازي جي گھنٹي
звонок

كچري جي ٹوكري
мусорное ведро

ليٹر باكس
почтовый ящик

دري
окно

دروازو
дверь

باغ
сад

لوونگ روم
....
гостиная

غسل خانو
....
ванная комната

باورچي خانو
....
кухня

بيڊروم
....
спальня

ٻارن جو كمرو
....
детская комната

ڊائننگ روم
....
столовая

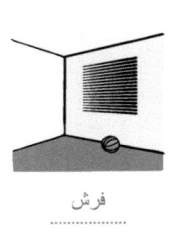

فرش

پول

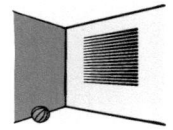

ديوار

стена

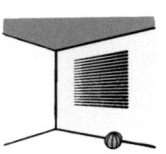

چھت

потолок

تہخانو

подвал

ہاف وارو غسل

сауна

بالکونی

балкон

ٹيرس

терраса

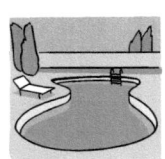

تلاؤ

бассейн

گاه کٹنٹ واري مشين

газонокосилка

چادر

пододеяльник

چادر

покрывало

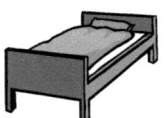

بيڈ

кровать

جهاڑو

метла

بالٹي

ведро

سونچ

выключатель

لوونګ روم

гостиная

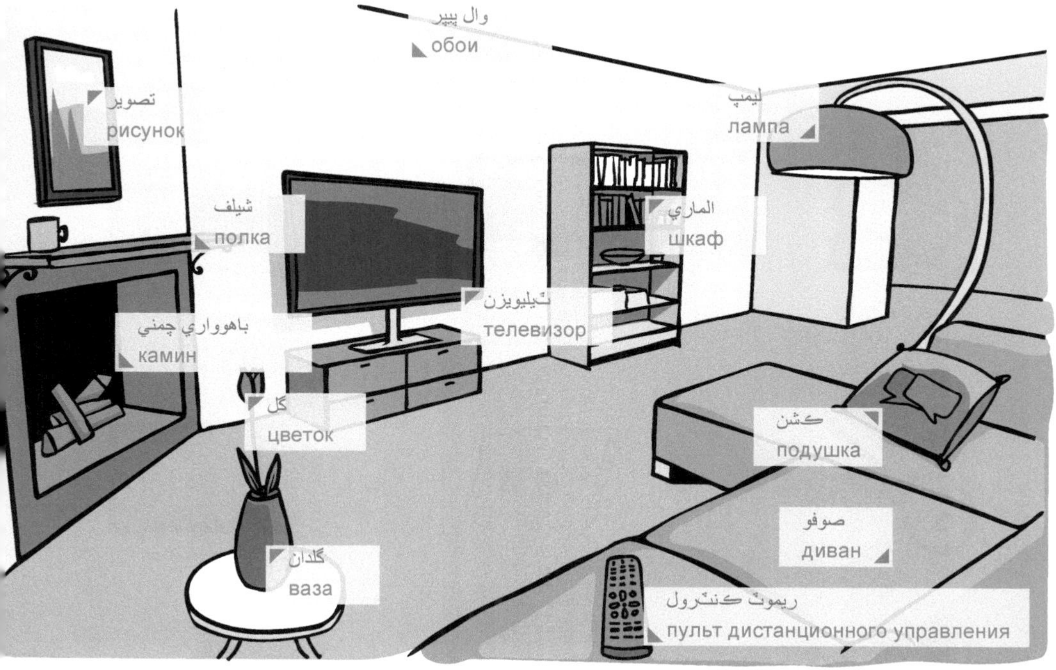

وال پیپر
обои
تصویر
рисунок
لیمپ
лампа
شیلف
полка
الماري
шкаф
ټیلیویزن
телевизор
باهوواري چمني
камин
ګل
цветок
کشن
подушка
صوفو
диван
ګلدان
ваза
ریموټ کنټرول
пульт дистанционного управления

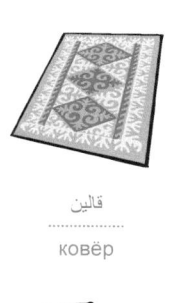

قالین

ковёр

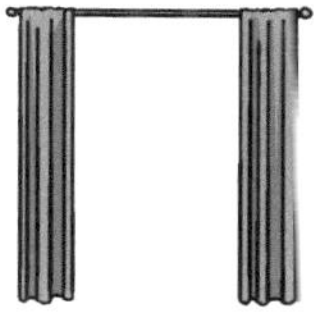

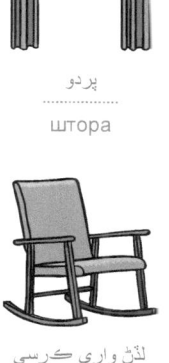

پردو

штора

میز

стол

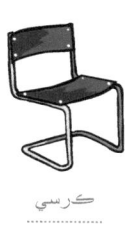

کرسي

стул

لذٹ واري کرسي

кресло-качалка

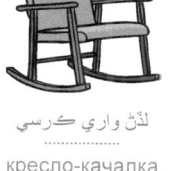

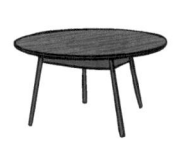

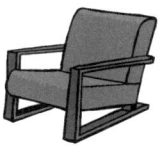

آرام کرسي

кресло

كتاب

книга

كمبل

покрывало

آرائش

украшение

ٻارڻ واريون ڪاٺيون

дрова

فلم

фильм

هاڻي فاڻي

стереосистема

چاٻي

ключ

اخبار

газета

پينٽنگ

картина

پوسٽر

плакат

ريڊيو

радио

نوٽ بڪ

блокнот

ويڪيوم ڪلينر

пылесос

ٿوهر جو ٻوٽو

кактус

ميڻ بتي

свеча

باورچي خانو

кухня

فرج
холодильник
مائڪرو ويو اوون
микроволновая печь
ڪچن اسڪيل
кухонные весы
ٽوسٽر
тостер
ڊيٽرجنٽ
моющее средство
چلهو
духовка
فريزر
морозилка
ڪچري جي ٽوڪري
мусорное ведро
ڊش واشر
посудомоечная машина

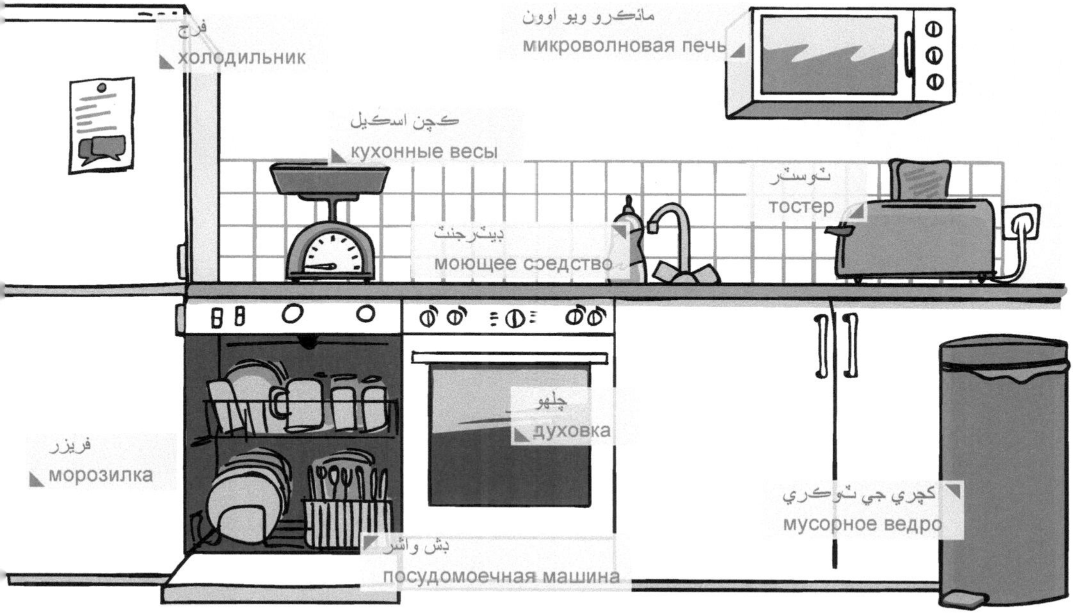

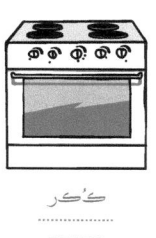

ڪُڪر

плита

ٿانوَ

кастрюля

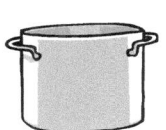

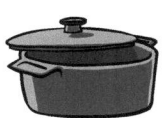

ڪاسٽ آئرن جا ٿانو

чугунный котелок

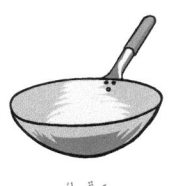

ڪڙهائي

вок / кадай

ترڻ وارو ٿانو

сковорода

ڪيٽلي

чайник

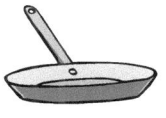

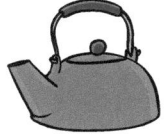

اسټيمر

пароварка

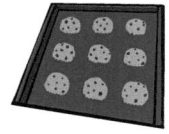

بيكنګ ټري

противень

كراكري

посуда

مګ

кружка

پيالو

миска

چاپ اسټكس

палочки для еды

ډوني

половник

تفتۍ

лопатка

سبزي مكسر

сбивалка

چهاتۍ

сито

چهاتۍ

сито

كدو كش وارو اوزار

тёрка

اكري

ступка

بار بي كيو

гриль

كليل باه

костёр

سبزي کٹنگ والا بورڈ

доска

ویلن

скалка

کارک اسکریو

штопор

کین

жестяная банка

کین اوپنر

консервный нож

ہاتھ بچانے والا کپڑٗو

прихватка

سنک

раковина

برش

щетка

اسفنج

губка

بلینڈر

миксер

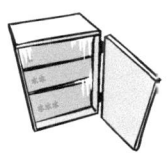

ڈیپ فریزر

морозильная камера

بار جی بوتل

бутылочка для кормления

نل

кран

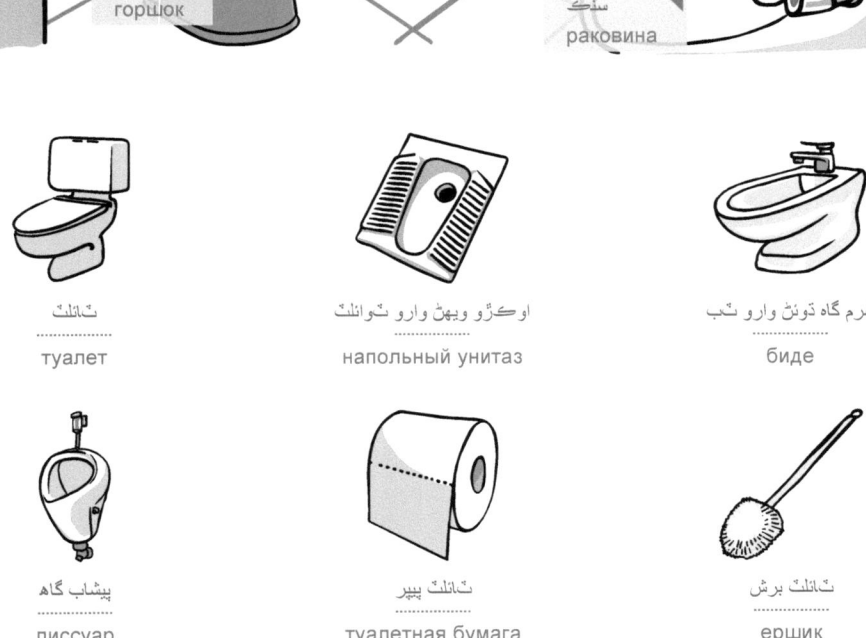

غسل خانو

ванная комната

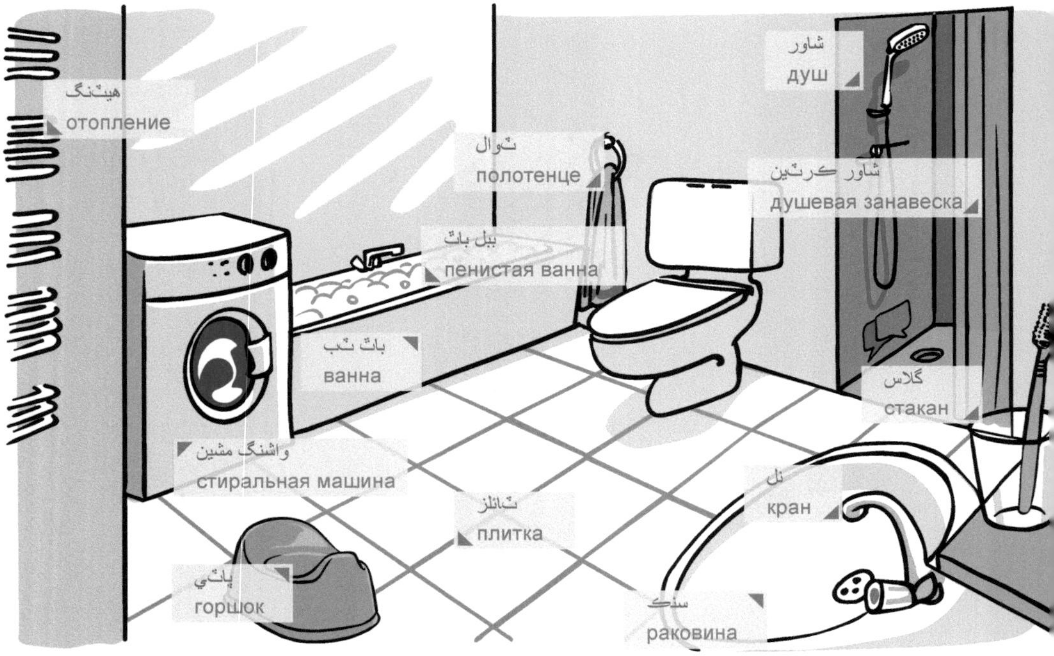

هيٽنگ
отопление
ٽوال
полотенце
شاور
душ
شاور ڪرٽين
душевая занавеска
ببل باٿ
пенистая ванна
باٿ ٽب
ванна
گلاس
стакан
واشنگ مشين
стиральная машина
نل
кран
ٽائلز
плитка
پاٽي
горшок
سنڪ
раковина

ٽائلٽ

туалет

اوڪڙو ويهڻ وارو ٽوائلٽ

напольный унитаз

شرم گاه ڌوئڻ وارو ٽب

биде

پيشاب گاه

писсуар

ٽائلٽ پيپر

туалетная бумага

ٽائلٽ برش

ершик

ٹُوثه برشْ

зубная щетка

ٹُوثه پیسٹ

зубная паста

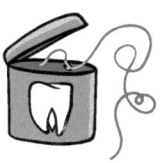

ڈینٹل فلاس

зубная нить

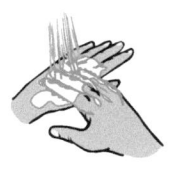

ڈَوئنٹ

мыть

هینڈ شاور

ручной душ

شاور

интимный душ

بیک برشْ

таз

بیک برشْ

щетка для спины

صابین

мыло

شاور جیل

гель для душа

شیمپو

шампунь

فلالین

мочалка

ڈرین

сток

کریم

крем

ڈیودورنٹ

дезодорант

آئينو

زеркало

هت مۍ پکړڼ وارو آئينو

ручное зеркало

ريزر

бритва

شيونگ فوم

пена для бритья

آفترۍ شيو

лосьон после бритья

ږمنۍ

расческа

برش

щетка

هيئر درائير

фен

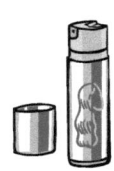

هيئر اسپري

лак для волос

ميکپ اپ

косметика

سرخي

губная помада

نيل وارنش

лак для ногтей

کپه

вата

نيل سيزرز

маникюрные ножницы

پرفيوم

духи

واش بيگ

косметичка

اسټّول

табуретка

وزن کرڼ واري مشين

весы

باټ روب

халат

ربّر جا دستانا

резиновые перчатки

ټيمپون

тампон

صفائي وارو ټاول

игиеническая прокладка

بيوتلت

کيميائي ټوائلټ

биотуалет

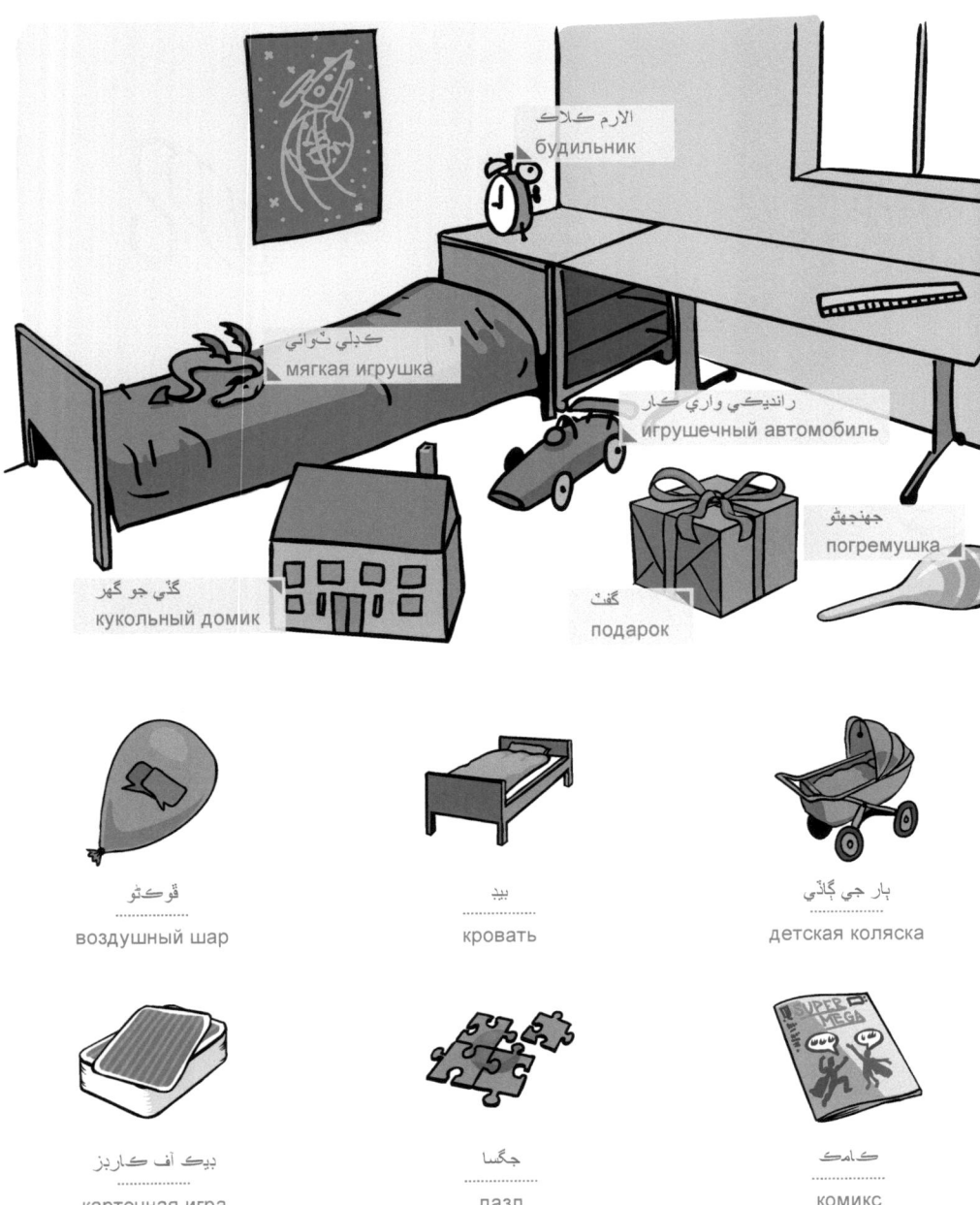

الارم ڪلاڪ
будильник

ڪڏلي ٽوائي
мягкая игрушка

رانديڪي واري ڪار
игрушечный автомобиль

جهنجهٽو
погремушка

گئي جو گھر
кукольный домик

گفٽ
подарок

قُوڪٽو
воздушный шар

بيڊ
кровать

ٻار جي گاڏي
детская коляска

ڊيڪ آف ڪاردز
карточная игра

جگسا
пазл

ڪامڪ
комикс

ليگوبرگس

кирпичики Лего

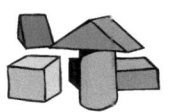

رانديكن وارا بلاكس

кубики

ايكشن فگر

игрушечная фигурка

بيبي گرو

ползунки

فرسبي

фрисби

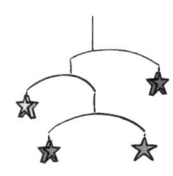

راندیكي واري موبائل

мобиле

بورڊ گيم

настольная игра

چهڪو

кубик

مادل ٽرين سيٽ

модель железной дороги

بارن جي چوسڻ واري نپل

соска

پارتي

вечеринка

تصوير واري ڪتاب

книга с картинками

بال

мяч

گڏي

кукла

كيڏڻ

играть

سيٻنڊ پِٽ

песочница

جهولا

качели

رانديڪا

игрушка

وڊيو گيم ڪنسول

игровая приставка

ٽن ڦيٽن وارو سائيڪل

трёхколесный велосипед

ٽيڊي بيئر

плюшевый медвежонок

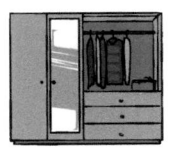

ڪپڙن جي الماري

шкаф для одежды

لباس

одежда

جرابا

носки

اسٽاڪنگز

чулки

ٽائٽس

колготки

اسکارف
شارف

بیلٹ
ремень

چھتری
зонтик

ٹی شرٹ
футболка

جاگر شوز
кроссовки

بوٹ
сапоги

چپل
тапки

سینڈل
....
сандалии

جوتا
....
ботинки

ربڑ جا بوٹ
....
резиновые сапоги

انڈرپینٹس
....
трусы

بریزر
....
бюстгальтер

واسکٹ
....
майка

جسم

боди

پتلون

брюки

جينز پينٹ

джинсы

اسكرٹ

юбка

چولو

блузка

قميض

рубашка

جرسي

свитер

هوڈي

свитер

بليزر

спортивная куртка

جيكٹ

жакет

كوٹ

пальто

بارش م پانٹ وارو كوٹ

плащ

پوشاك

костюм

لباس

платье

شادي جولباس

свадебное платье

سوٽ

مужской костюм

نائٽ گائون

ночная сорочка

پاجامو

пижама

ساڙي

сари

مٿي تي ڏنل وارو اسڪارف

платок

پڳڙي

тюрбан

برقعو

паранджа

ڪفتان

кафтан

عبايو

абайя

تيراڪي جو لباس

купальник

چڏي

плавки

نيڪر

шорты

ٽريڪ سوٽ

спортивный костюм

اپرن

фартук

دستانا

перчатки

بٌنْث
....
пуговица

چىشمو
....
очки

بريسليت
....
браслет

ھار
....
цепочка

مۇندي
....
кольцо

ۋالىيون
....
серьга

تۇپى
....
шапка

كۇنۇ ھىنگر
....
вешалка

تۇپى
....
шляпа

ئانى
....
галстук

زپ
....
застежка молния

ھىلمىت
....
шлем

بريىز
....
подтяжки

اسكۇل يۇنىفارم
....
школьная форма

ۋردي
....
форма

بارڻ لاء ڳلي ۾ ٻڌڻ وارو ڪپڙو

детский нагрудник

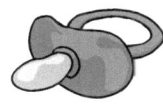

بارڻ جي چوسڻ واري نپل

соска

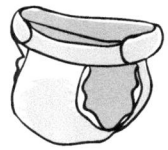

ڪجو

подгузник

سرور
сервер

فائلن جي الماري
канцелярский шкаф

مانيٽر
монитор

ڪاغذ
бумага

پرنٽر
принтер

ميز
письменный стол

ماؤس
мышь

فولڊر
папка

ڪي بورڊ
клавиатура

ردي جي ٽوڪري
корзина для бумаг

ڪمپيوٽر
комгьютер

ڪافي مگ
стул

ڪافي مگ

кофейная кружка

ڪيلڪيوليٽر

калькулятор

انٽرنيٽ

интернет

لیپ ٹاپ

ноутбук

خط

письмо

پیغام

сообщение

موبائل

мобильный телефон

نیٹ ورک

сеть

فوٹو کاپي کرڻ واري مشين

ксерокс

سافٹ ویئر

программа

ٹیلي فون

телефон

پلگ ساکٹ

розетка

فیکس مشين

факс

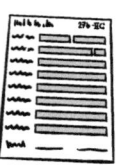

فارم

формуляр

دستاویز

документ

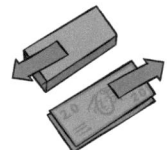

خرید كرث

покупать

ادا كرث

платить

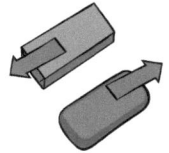

صاف كرث

торговать

پيسا

деньги

ڈالر

доллар

يورو

евро

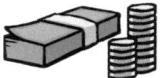

يين

иена

روبل

рубль

سونس فرانک

франк

رینمنیبی یوآن

жэньминьби юань

روپیو

рупия

كیش پواننٹ

банкомат

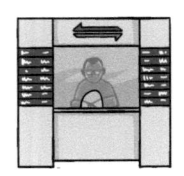

رقم تبدیل کرائٹ جی آفیس

пункт обмена валюты

سون

золото

چاندي

серебро

خام تیل

нефть

تواناني

энергия

قیمت

цена

معاهدو

договор

ٹیکس

налог

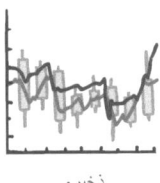

ذخيرو

акция

کم کرٹ

работать

ملازم

служащий

آجر

работодатель

فیکٹري

фабрика

دکان

магазин

پيشو

профессии

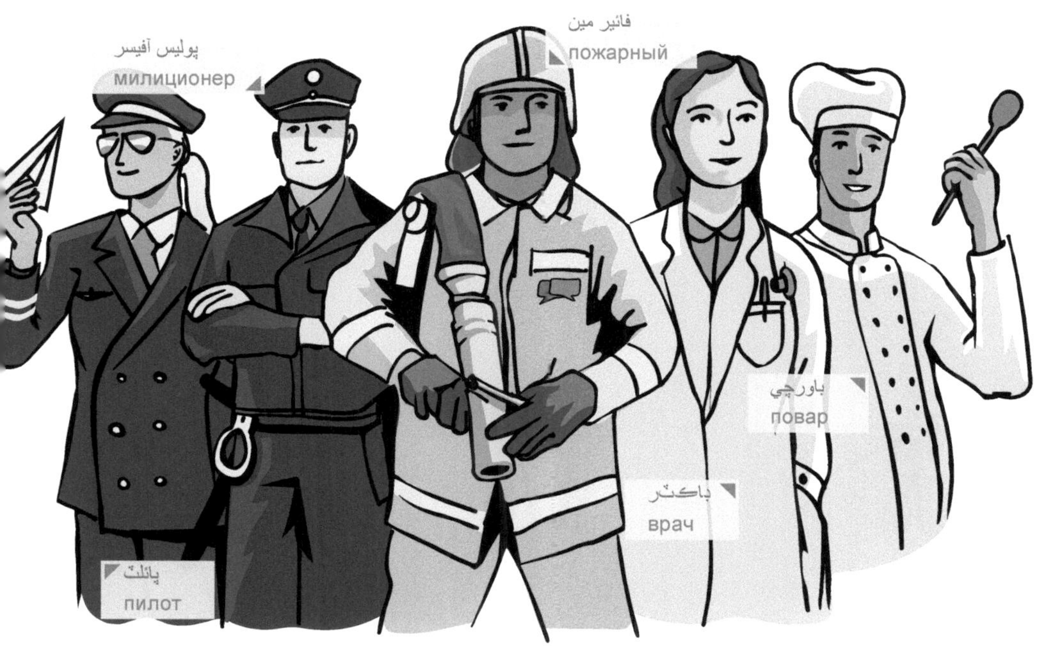

فائير مين
пожарный
پوليس آفيسر
милиционер
باورچي
повар
ډاکټر
врач
پائلټ
пилот

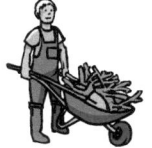

مالي

садовник

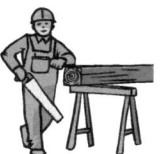

وايو

столяр

درزن

швея

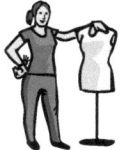

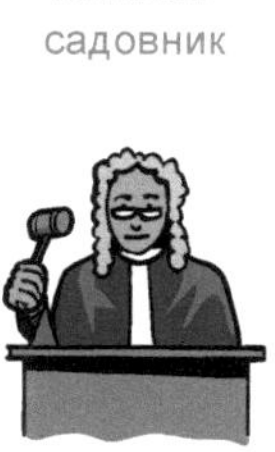

جج

судья

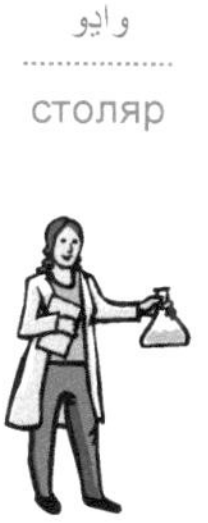

کیمیسټ

химик

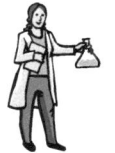

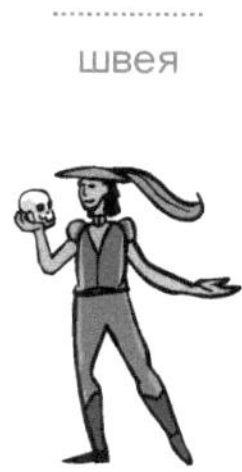

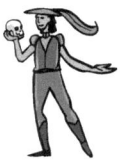

اداکار

актёр

بس ڊرائيور

водитель автобуса

ٽيڪسي ڊرائيور

таксист

مڇي مارڻ وارو

рыбак

صفائي ڪرڻ واري مائي

уборщица

ڇهت ٺاهڻ وارو

кровельщик

ويٽر

официант

شڪاري

охотник

رنگ ساز

художник

نانوائي

пекарь

اليڪٽريشن

электрик

ٻلدر

строитель

انجنيئر

инженер

ڪاسائي

мясник

پلمبر

сантехник

پوسٽ مين

почтальон

سپاهي

солдат

آرکیټیکٹ

архитектор

خزانچي

кассир

گل کیانڼ وارو

флорист

نائي

парикмахёр

کنډیکټر

кондуктор

مکینک

механик

کپتان

капитан

ډینټسټ

зубной врач

سائنسدان

учёный

يهودي عالم

раввин

امام

имам

راهب

монах

پادري

священник

اوزار
инструменты

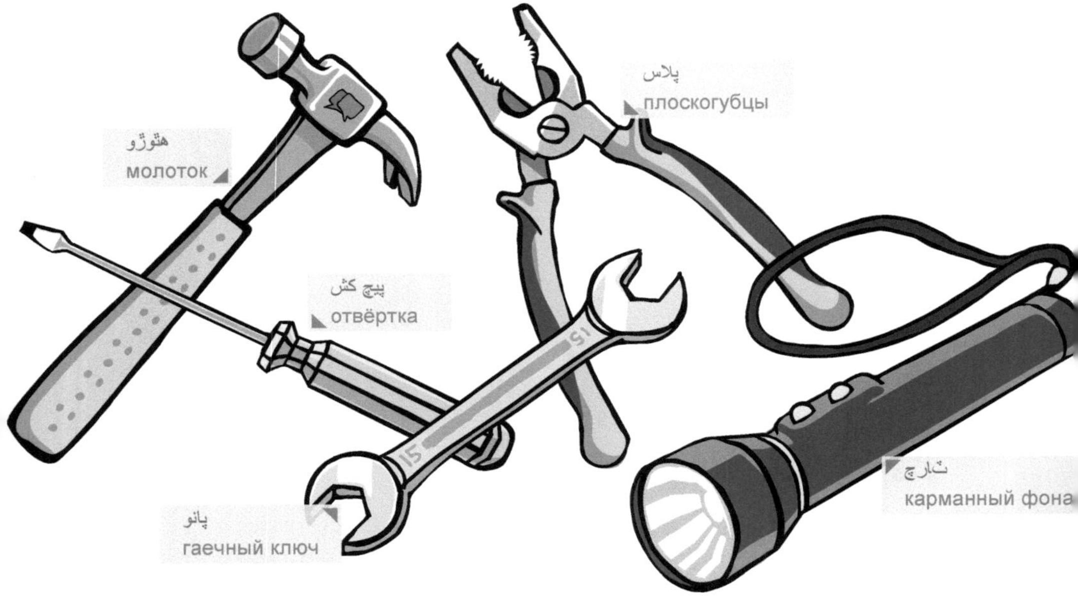

هٿوڙو
молоток
پلاس
плоскогубцы
پيچ ڪش
отвёртка
پانو
гаечный ключ
ٽارچ
карманный фона

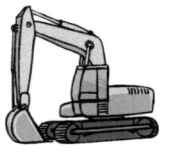

ايڪسڪويٽر

экскаватор

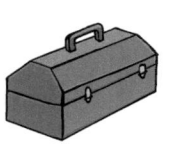

ٽول باڪس

ящик для инструментов

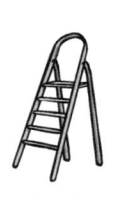

ڏاڪڻ

стремянка

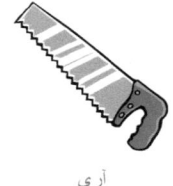

آري

пила

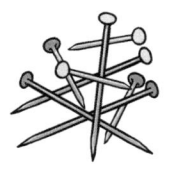

ڪوڪو

гвозди

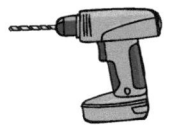

ڊرل

дрель

مرمت کرڻ

ремонтировать

بيلچو

лопата

لعنت هجي!

Блин!

کچري دان

совок

پينٽ وارو ڊبو

ведро с краской

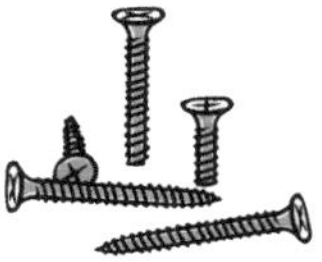

پيچ

винты

موسيقي جا اوزار

музыкальные инструменты

لاؤڊ اسپيڪر
громкоговоритель

ڊبل باس
ударный инструмент

گٽار
гитара

ڊبل باس
контрабас

توتاري
труба

پيانو

пианино

وائلن

скрипка

گٽار

бас-гитара

ٽمپاني

литавры

درم

барабан

كي بورڊ

синтезатор

سيڪوفون

саксофон

بانسري

флейта

مائيڪروفون

микрофон

موسيقي جا اوزار - музыкальные инструменты

چڙيا گھر

зоопарк

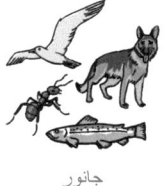

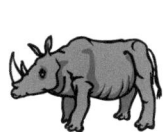

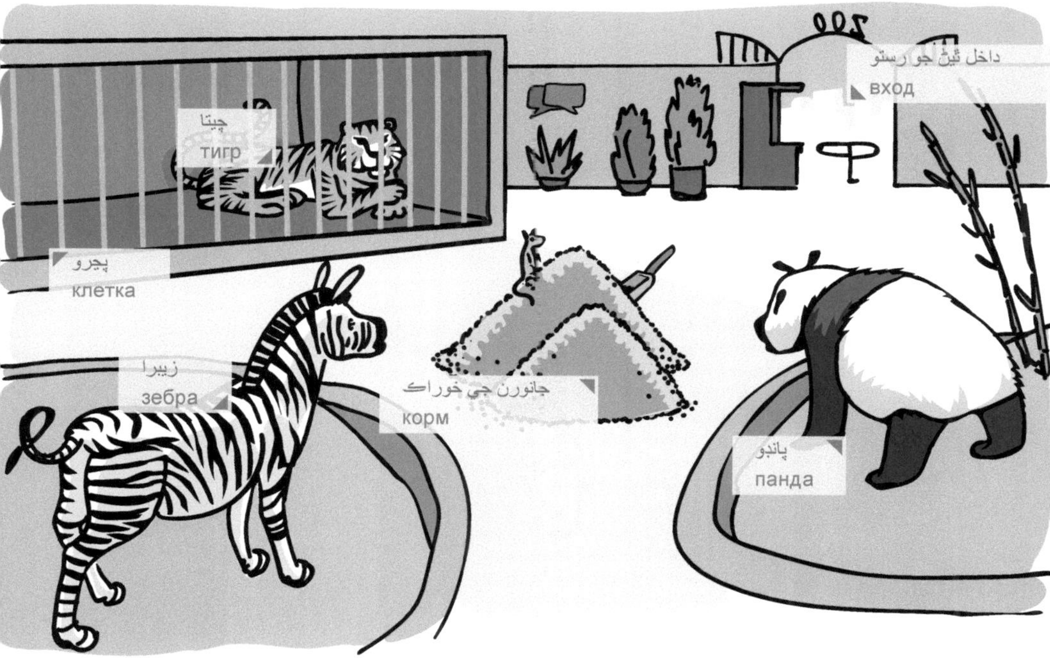

داخل ٿيڻ جو رستو
вход
چيتا
тигр
پڃرو
клетка
زيبرا
зебра
جانورن جي خوراڪ
корм
پانڊو
панда

جانور

животные

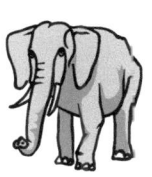

هاٿي

слон

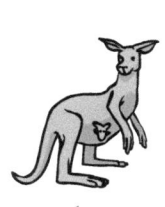

ڪينگرو

кенгуру

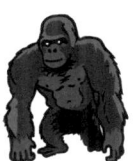

گينڊو

носорог

گوريلو

горилла

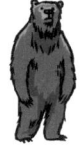

رڇ

медведь

اٺ

верблюд

شتر مرغ

страус

ٽيٺهن

лев

پوٻڙو

обезьяна

فليمنگو

фламинго

طوطو

попугай

برفاني رٍچ

белый медведь

ڪبوتر

пингвин

شارڪ

акула

مور

павлин

نانگ

змея

واڱُن

крокодил

چڙيا گهر جو محافظ

служитель зоопарка

گوج مڇي

тюлень

چيتو

ягуар

60   چڙيا گهر - зоопарк

ٹٹگُون

پونی

چیتو

леопард

دریائي گھوڑو

бегемот

چرراف

жираф

باز

орёл

سوئر

кабан

مڇي

рыба

کمي

черепаха

ساموندي گھوڑو

морж

لومڑي

лиса

هرڻ

газель

آمريكن فوتّبال
американский футбол

سائكلنگ
езда на велосипеде

تئنس
теннис

باسكتّ بال
баскетбол

تيراكي
плавание

باكسنگ
бокс

أئس هاكي
хоккей

فوتّبال
футбол

بيندمنتّن
бадминтон

ايتھليتّكس
лёгкая атлетика

ھيند بال
гандбол

اسكينگ
лыжный спорт

پولو
поло

ٹپو ڈیٹ
прыгать

پاکڑ پائٹ
обнимать

کلٹ
смеяться

ھلٹ
идти

گانو گائٹ
петь

خواب ٹسٹ
мечтать

دعا کرٹ
молиться

چمی ڈیٹ
целовать

لکٹ
писать

تصویر کشی کرٹ
рисовать

ٹیکارٹ
показывать

ٹکو ڈیٹ
нажимать

ڈیٹ
давать

ونٹ
брать

رکڻ

иметь

ڪرڻ

делать

ٿيڻ

быть

بيهڻ

стоять

ڀڄڻ

бежать

ڇڪڻ

тянуть

اڇلائڻ

бросать

ڪرڻ

падать

ڪوڙ ڳالهائڻ

лежать

انتظار ڪرڻ

ждать

کڻي وڃن

носить

ويهڻ

сидеть

تيار ٿيڻ

надевать

سمهڻ

спать

جاڳڻ

просыпаться

نِّسٹ

рассматривать

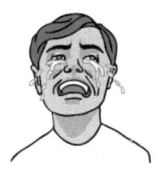

رونٹ

плакать

ڈَک ہٹَ

гладить

کنگي کرٹ

причесывать

ڳالھائٹ

говорить

سمجھٹ

понимать

پچِھٹ

спрашивать

ٻڌٹ

слушать

پيئٹ

пить

کائٹ

кушать

صاف کرٹ

наводить порядок

پيار کرٹ

любить

پچائٹ

готовить

گاڏي ہلائٹ

ехать

اُڏرٹ

летать

بحري سفر کرنا

ходить под парусом

حساب کرنا

считать

پڑھنا

читать

سکھنا

учиться

کم کرنا

работать

شادي کرنا

вступать в брак

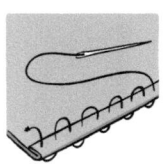

سینا

шить

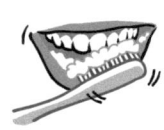

دَندن کي برش کرنا

чистить зубы

قتل کرنا

убивать

سگریٹ پینا

курить

موکلنا

отправлять

خاندان

семья

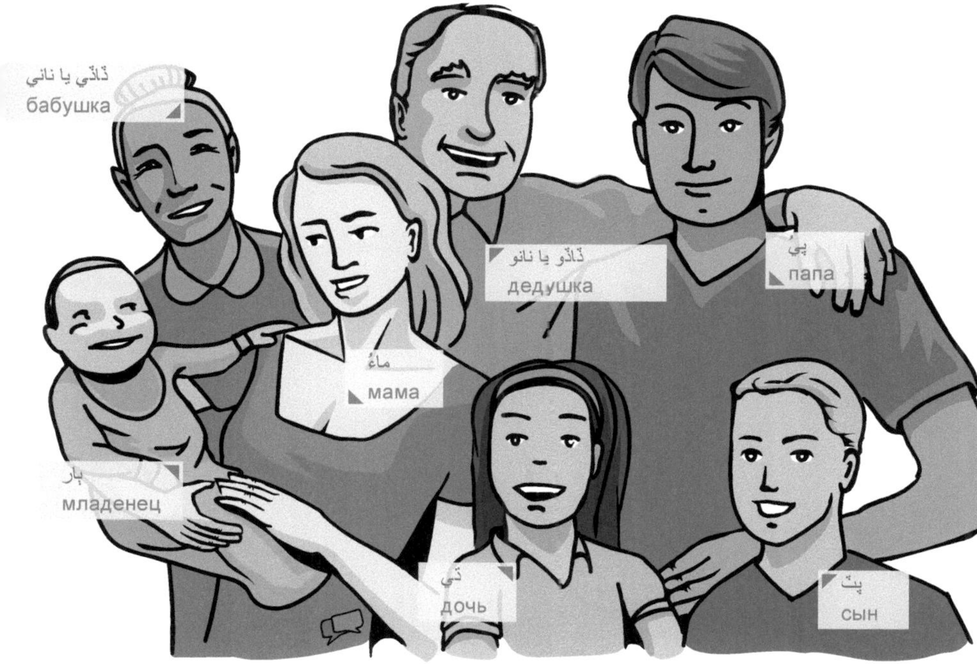

ڏاڏي يا ناني
бабушка
ڏاڏو يا نانو
дедушка
پيءُ
папа
ماءُ
мама
ٻار
младенец
ڌي
дочь
پٽ
сын

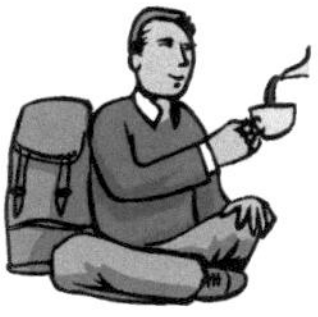

مهمان

гость

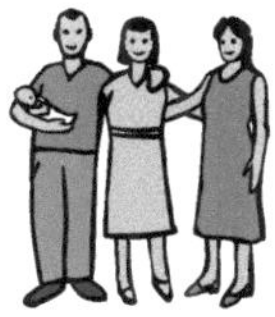

چاچي

тетя

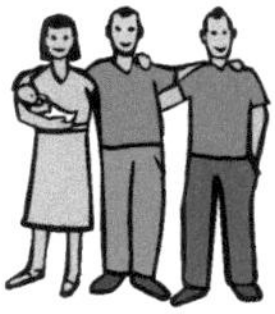

چاچو

дядя

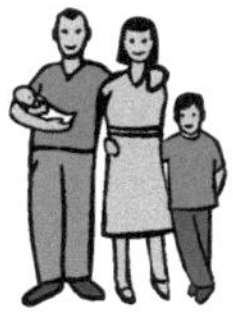

ڀاءُ

брат

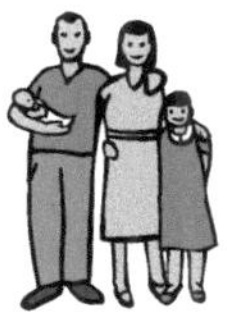

ڀيڻ

сестра

جسم

тело

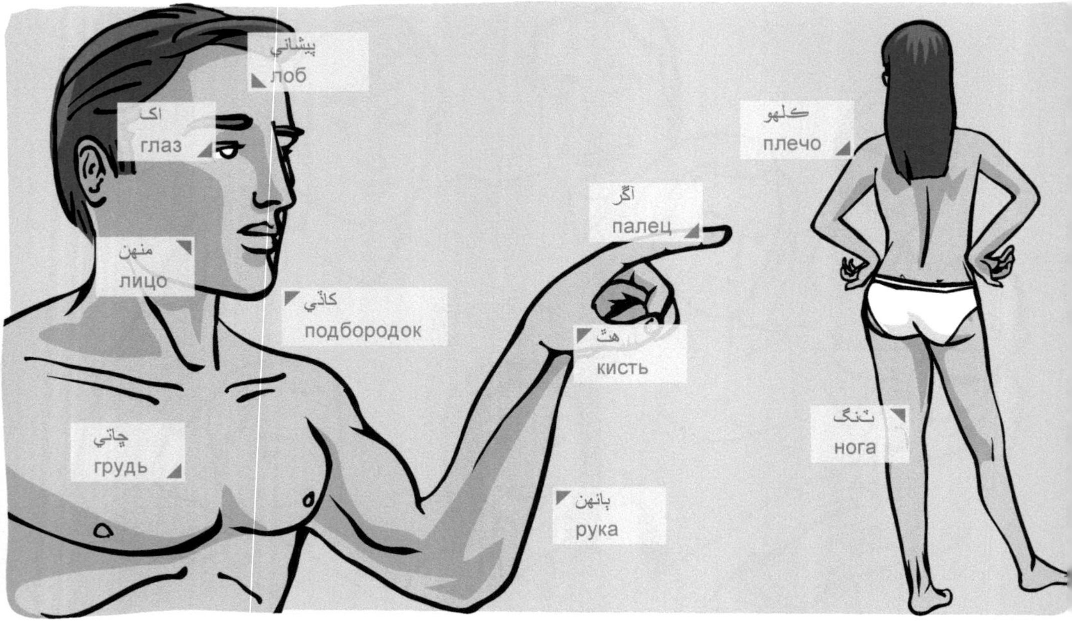

پیشانی
лоб

اکھ
глаз

منہن
лицо

ڪانڊي
подбородок

چاتی
грудь

اگر
палец

هٿ
кисть

پانھن
рука

ڪلھو
плечо

ٽنگ
нога

ٻار
младенец

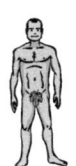
ماڻھون
мужчина

عورت
женщина

ڇوڪري
девочка

ڇوڪرو
мальчик

مٿو
голова

68 جسم - тело

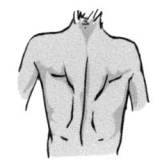

پُنٰي

спина

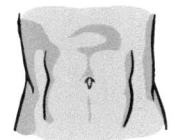

پيٽ

живот

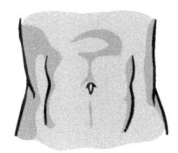

دن

пупок

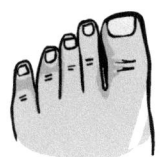

پير جو آڱوڻو

палец ноги

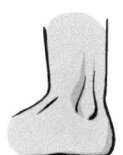

کڙي

пятка

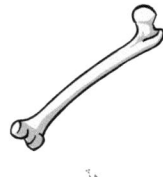

هڏّي

кость

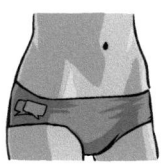

ھنڊڻ

бедро

گوڏو

колено

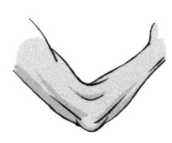

ٺونٺ

локоть

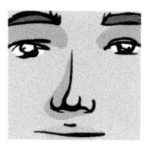

نڪ

нос

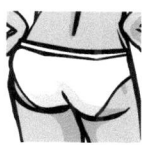

هينڀيون حصو

ягодицы

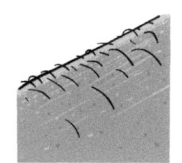

کل

кожа

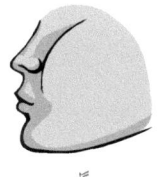

ڳٽ

щека

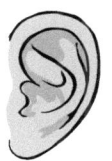

ڪن

ухо

چپ

губа

وات
....
рот

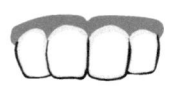

ڈنڈ
....
зуб

زبان
....
язык

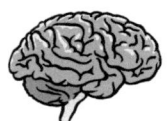

دماغ
....
мозг

دل
....
сердце

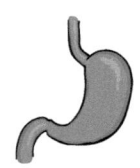

ڈورو
....
мышца

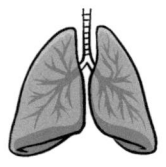

پھڑ
....
лёгкое

جگر
....
печень

معدہ
....
желудок

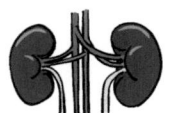

گردا
....
почки

جماع کرنْ
....
половой акт

کنڈوم
....
презерватив

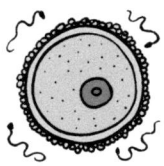

بیضہ
....
яйцеклетка

منی
....
сперма

حمل
....
беременность

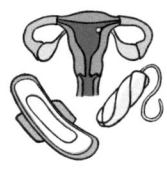

حيض

менструация

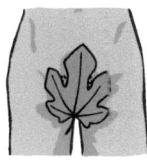

پچياني جي نالي

вагина

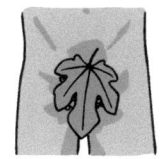

مردانو مخصوص عضوو

пенис

پرون

бровь

وار

волосы

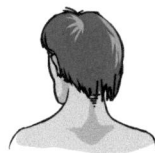

ڳچي

шея

اسپتال
больница

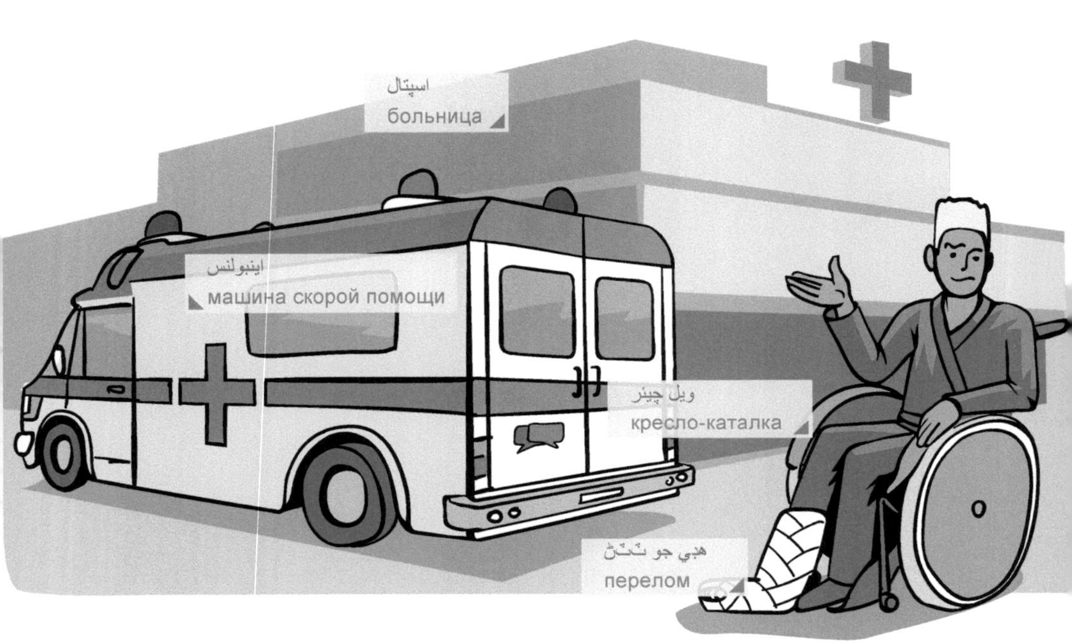

اسپتال
больница
اينبولنس
машина скорой помощи
ويل چيئر
кресло-каталка
هڏي جو ٽٽڻ
перелом

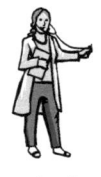

ڊاڪٽر

врач

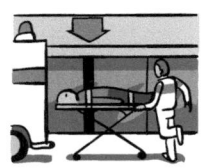

هنگامي ڪمرو

пункт первой помощи

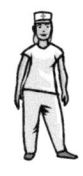

نرس

медсестра

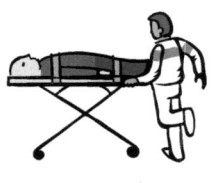

ايڪسري

неотложный случай

بيهوش

без сознания

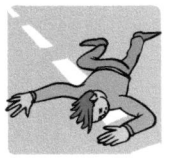

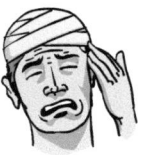

سور

боль

زخم

повреждение

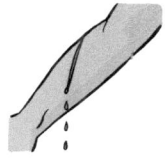

رت وهڻ

кровотечение

دل جو دورو

инфаркт

فالج

инсульт

الرجي

аллергия

كنگهه

кашель

بخار

овышенная температура

زكام

грипп

دست

понос

مٿي جو سور

головная боль

كينسر

рак

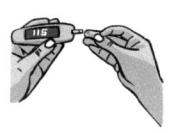

ذيابيطس

диабет

سرجن

хирург

جراحي بليڊ

скальпель

آپريشن

операция

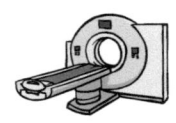

سي ٽي
....
КТ

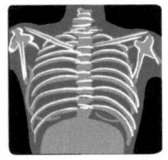

ايڪسري
....
рентген

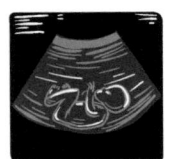

الٽرا ساؤنڊ
....
ультразвук

منهن جي ماسڪ
....
маска

بيماري
....
болезнь

انتظار ڪرڻ جو ڪمرو
....
приёмная

بيساکهي
....
костыль

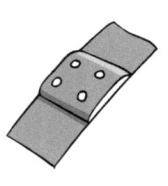

پالاسٽر
....
пластырь

پٽي
....
бинт

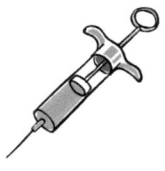

انجيڪشن
....
укол

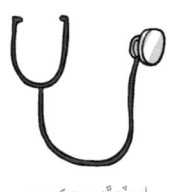

اسٽيٿهوسڪوپ
....
стетоскоп

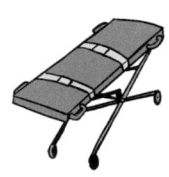

اسٽريچر
....
носилки

ٿرماميٽر
....
термометр

پيدائش
....
рождение

موٽاپو
....
избыточный вес

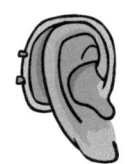

پٹڑ واري ڈیوائس

слуховой аппарат

جراثیم کش

дезинфекционное
средство

انفیکشن

инфекция

وائرس

вирус

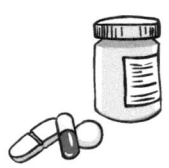

ایچ آئی وی / ایڈز

ВИЧ / СПИД

دوا

лекарство

ویکسینیشن

прививка

ٹیکی

таблетки

گولی

противозачаточная
таблетка

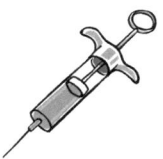

ہنگامی کال

экстренный вызов

بلڈ پریشر مانیٹر

прибор для измерения
кровяного давления

بیمار / صحت

больной / здоровый

مدد
....
Помогите!

الارم
....
сигнал тревоги

جسماني حملو كرڻ
....
нападение

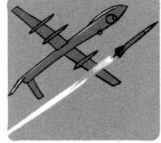

حملو كرڻ
....
атака

خطره
....
опасность

هنگامي حالت م نڪرن جو رستو
....
запасной выход

باه
....
Пожар!

باه وسائڻ جو اوزار
....
огнетушитель

حادثو
....
несчастный случай

ابتدائي طبي امداد
....
аптечка

ايس او ايس
....
SOS

پوليس
....
милиция

یورپ

Европа

اتر آمریکا

Северная Америка

ڈکٹ آمریکا

Южная Америка

آفریقا

Африка

ایشیا

Азия

أستّریلیا

Австралия

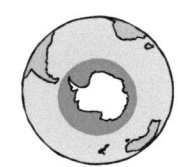

اتّلانتّک

Атлантический океан

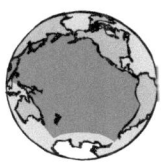

پیسفک

Тихий океан

بحر هند

Индийский океан

انتّارکتّک سمنڈ

Антарктический океан

أرکتّک سمنڈ

Северный Ледовить й
океан

اتر قطب

Северный полюс

ڈکِش قطب

Южный полюс

انٹارکٹیکا

Антарктика

زمین

земля

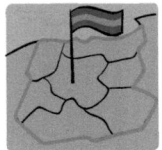

زمین

суша

سمندر

море

جزیرو

остров

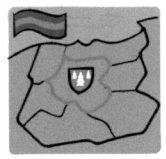

قوم

нация

ریاست

государство

زمین - земля

وصح نوهماس جو يُزّهگ

циферблат

يُوني واري كلاك

часовая стрелка

يُوني واري تّنم

минутная стрелка

يُوني واري ندنكيس

секундная стрелка

أهي تّيو شُهگ مُعْت؟

Который час?

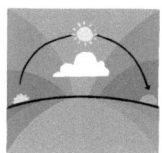

نهينْذ

день

تقو

время

يثاه

сейчас

يّزّهگ لْتّبيجب

электронные часы

تّنم

минута

كلاك

час

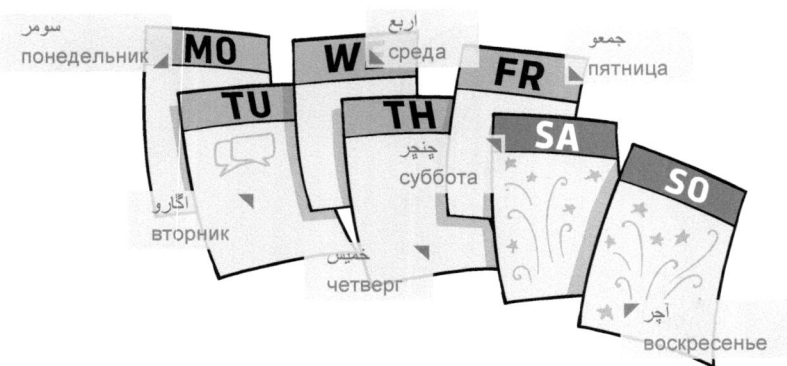

سومر
понедельник

اربع
среда

جمعو
пятница

TU

TH

چنڇر
суббота

اگارو
вторник

خميس
четверг

آچر
воскресенье

كله
....
вчера

اڄ
....
сегодня

TUE
3

سياڽي
....
завтра

صبح
....
утро

منجهند
....
полдень

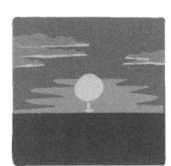

شام
....
вечер

MO	TU	WE	TH	FR	SA	SU
1	2	3	4	5	6	7
8	9	10	11	12	13	14
15	16	17	18	19	20	21
22	23	24	25	26	27	28
29	30	31	1	2	3	4

كاروباري ڏينهن
....
рабочие дни

MO	TU	WE	TH	FR	SA	SU
1	2	3	4	5	6	7
8	9	10	11	12	13	14
15	16	17	18	19	20	21
22	23	24	25	26	27	28
29	30	31	1	2	3	4

هفتي جو آخر
....
выходные

برسات
▶ دождь

انڊلٺ
▶ радуга

هوا
ветер

برف
◀ снег

بهار
весна

گرمي جي موسم
лето

خزان
осень

سردي جي موسم
зима

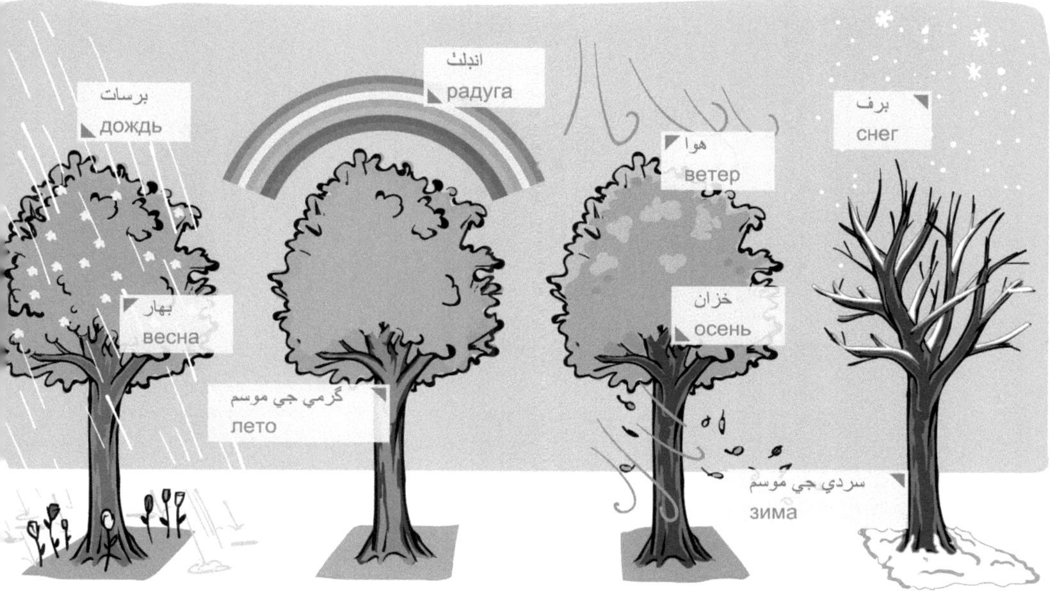

موسم جي پيشنگوهي

прогноз погоды

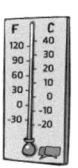

ٿرماميٽر

термометр

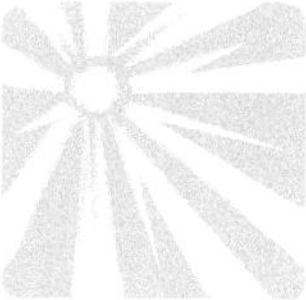

اس

солнечный свет

بادل

туча

ڌنڌ

туман

نمي

влажность воздуха

أسماني بجلي

молния

ٽرماميٽر

гром

طوفان

буря

ڳڙڙ جو مينهن

град

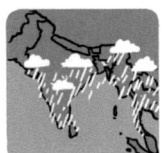

مون سون

муссон

ٻوڏ

наводнение

برف

лёд

جنوري

январь

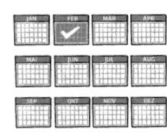

فيبروري

февраль

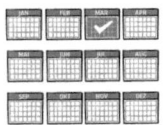

مارچ

март

اپريل

апрель

مئي

май

جون

июнь

جولائي

июль

آگسٽ

август

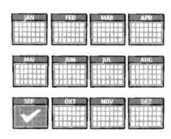

سیپٹمبر
....
сентябрь

کٹوبر
....
октябрь

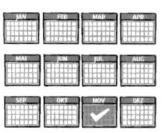

نومبر
....
ноябрь

ڈسمبر
....
декабрь

شکلون

формы

دائرو
....
круг

چکور
....
квадрат

مستطیل
....
прямоугольник

ٹکنڈی
....
треугольник

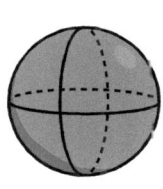

کرہ
....
шар

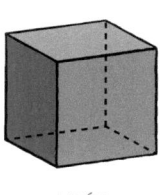

کعب
....
куб

اڇو

белый

پيلو

желтый

نارنجي

оранжевый

گلابي

розовый

ڳاڙهو

красный

جامني

лиловый

نيرو

синий

سائو

зелёный

ناسي

коричневый

پورو

серый

ڪارو

черный

گهٹو / ٹورو

много / мало

ناراض / پر سكون

яростный / мирный

خوبصورت / بدصورت

красивый / уродливый

شروعات / ختم

начало / конец

وڈو / ننھو

большой / маленький

روشني / اونده

светлый / темный

بهن / بهائي

брат / сестра

صاف / خراب

чистый / грязный

مكمل / نا مكمل

полный / неполный

ڏينهن / رات

день / ночь

مردہ / زندہ

мёртвый / живой

ڊگهو / تنگ

широкий / узкий

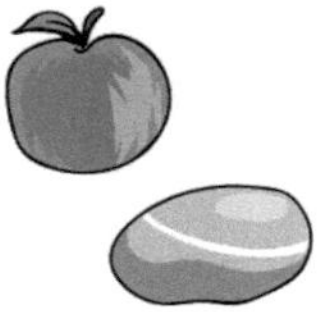

کائڻ قابل نه هجڻ / کائڻ جي قابل هجڻ

съедобный / несъедобный

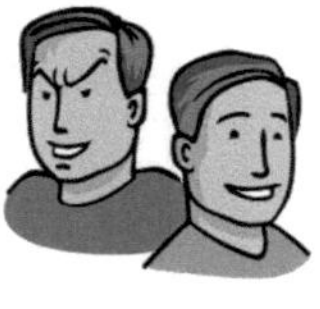

برو / سٺو

злой / дружелюбный

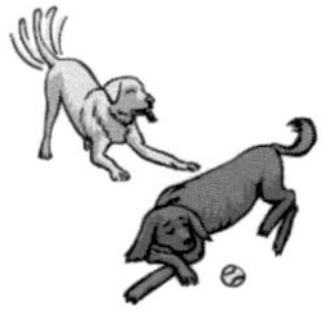

پرجوش / بوريت جوشڪار

взволнованный / скучающий

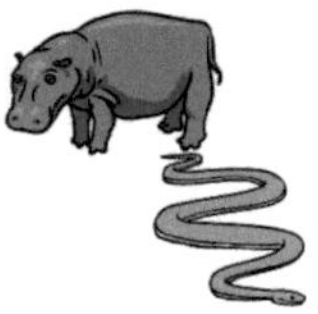

موٽو / پتلو

толстый / худой

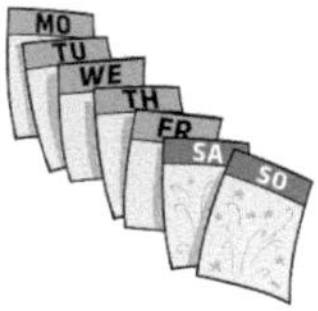

پهريون / آخري

сначала / в конце

دوست / دشمن

друг / враг

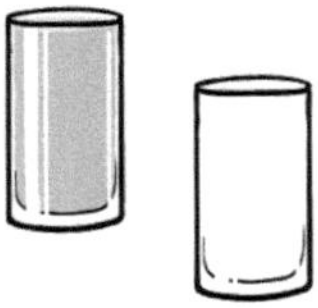

ڀريل / خالي

полный / пустой

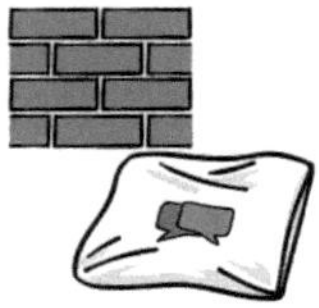

سخت / نرم

твёрдый / мягкий

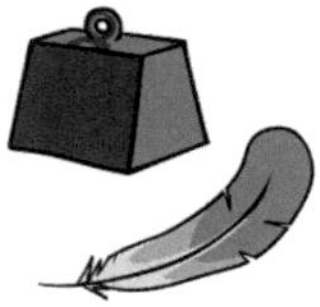

ڳورو / هلڪو

тяжёлый / легкий

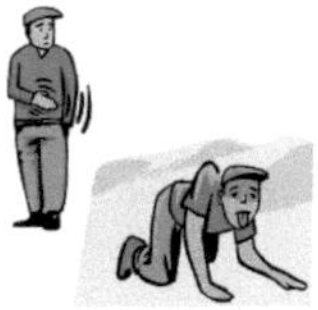

بک / اڃ

голод / жажда

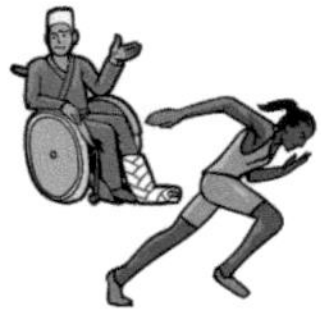

بيمار / صحت

больной / здоровый

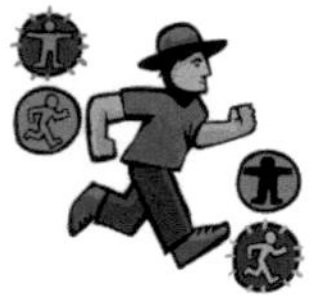

غيرقانون / قانوني

незаконный / законный

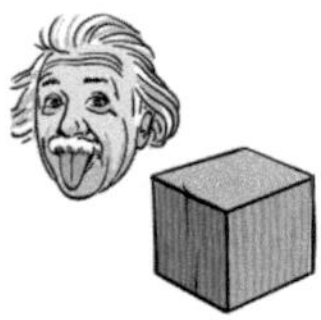

عقلمند / بيوقوف

умный / глупый

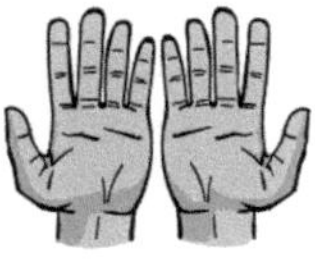

سڄو / ابتو

слева / справа

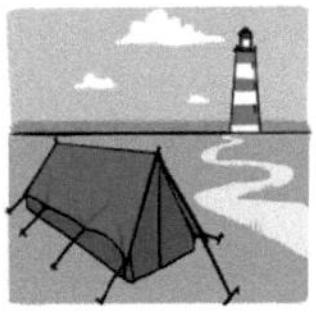

ويجهي / پري

близко / далеко

ننون / استعمال ٹیل

новый / подержанный

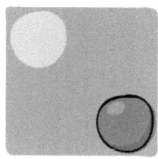

کجہ بہ نہ / کجہ

ничто / нечто

پوڑھو / نوجوان

старый / молодой

آن / آف

включено / выключено

کلیل / بند

открыто / закрыто

خاموش / بلند آواز سان

тихо / громко

امیر / غریب

богатый / бедный

صحیح / غلط

правильный /
неправильный

کھرو / لسو

шероховатый / гладкий

غمگین / خوش

печальный / счастливый

مختصر / ڈگھو

короткий / длинный

آھستہ / تیز

медленный / быстрый

آلو / سکل

мокрый / сухой

گرم / ٹھو

тёплый / прохладный

جنگ / امن

война / мир

0
زيرو
ноль

1
هڪ
один

2
ٻه
два

3
ٽي
три

4
چار
четыре

5
پنج
пять

6
ڇه
шесть

7
ست
семь

8
اٺ
восемь

9
نَوَ
девять

10
ڏه
десять

11
يارهن
одиннадцать

12

پاراهن

двенадцать

13

تيرهن

тринадцать

14

چوڈهن

четырнадцать

15

پندرهن

пятнадцать

16

سورهن

шестнадцать

17

سترهن

семнадцать

18

ارڑهن

восемнадцать

19

اوټويه

девятнадцать

20

ويه

двадцать

100

سو

сто

1.000

هزار

тысяча

1.000.000

ڈهلک لک

миллион

انگريزي

английский

آمريكي انگريزي

американский английский

چيني ميندارن

мандаринский китайский

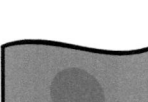

هندي

хинди

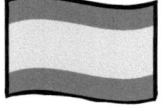

اندلسي پولي

испанский

فرانسيسي

французский

عربي

арабский

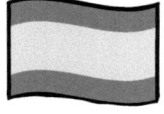

روسي

русский

پرتگالي

португальский

بنگالي

бенгальский

جرمن

немецкий

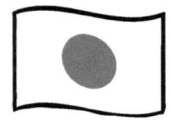

جاپاني

японский

مان

я

تون

ты

هي چوكري/ هي چوكرو / هو

он / она / оно

اسان

мы

تون

вы

هو

они

كير؟

кто?

چا؟

что?

كينن

как?

كٿي؟

где?

كڏنهن؟

когда?

نالو

имя

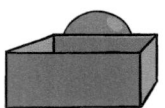

پويان

за

۾

в

جي سامهون

перед

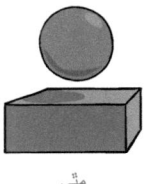

مٿي

над

تي

на

هيٺ

под

ڀرسان

рядом

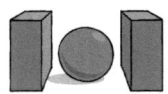

وچ ۾

между

جڳهه

место